程明道象

程顥傳

程顥。字伯淳。世居中山。後從開封徙河南。高祖羽。太宗朝三司使。父珦。仁宗錄舊臣。後以爲黃陂尉。久之。知龔州。時宜獠區希範既誅。鄉人忽傳其神降。言當爲我南海立祠。於是迎其神以往。至龔。珦使詰之。曰比過潯。潯守以爲妖。投祠具江中。逆流而上。守懼。乃更致禮。珦使復投之。順流去。其妄乃息。徙知磁州。又徙漢州。嘗宴客開元僧舍。酒方行。人讙言佛光見。觀者相騰踐。不可禁。珦安坐不動。頃之遂定。熙寧法行。爲守令者奉命唯恐後。珦獨抗議。指其未便。使者李元瑜怒。即移病歸。旋致仕。累轉太中大夫。元祐五年卒。年八十五。珦慈恕而剛斷。平居與幼賤處。唯恐有傷其意。至於犯義理。則不假也。左右使令之人。無日不察其飢飽寒燠。前後五得任子。以均諸父之子孫。嫁遣孤女。必盡其力。所得奉祿。分贍親戚之貧者。伯母寡居。奉養甚至。從兄女既適人而喪其夫。珦迎以歸。教養其子。均於子姪。時官小祿薄。克己爲義。人以爲難。文彥博蘇頌等九人。表其淸節。詔賜帛二百。官給其葬。顥舉進士。調鄠上元主簿。鄠民有借兄宅居者。發地得瘞錢。兄之子訴曰。父所藏。顥問幾何年。曰四十年。彼借居幾時。曰二十年矣。遣吏取十千視之。謂訴者曰。今官所鑄錢。不五六年即遍天下。此皆未藏前數十年所鑄。何也。其人不能答。茅山有池。產龍如蜥蜴而五色。祥符中。嘗取二龍入都。半塗失其一。中使云飛空而逝。民俗嚴奉不懈。顥捕而

程明道象

程顥傳

脯之爲晉城令富人張氏父死旦有老叟踵門曰我汝父也子驚疑莫測相與詣縣叟曰身爲醫遠出治疾而妻生子貧不能養以與張顥質其驗取懷中一書進其所記曰某年月日抱兒與張三翁家顥問張是時纔四十安得有翁稱叟駭謝民税粟多移近邊載往則道遠就糴則價高顥擇富而可任者預使貯粟以待費大省民以事至縣者必告以孝弟忠信入所以事其父兄出所以事其長上度鄉村遠近爲伍保使之力役相助患難相恤而姦僞無所容凡孤煢殘廢者責之親戚鄉黨使無失所行旅出於其途者疾病皆有所養鄉必有校暇時親至召父老與之語兒童所讀書親爲正句讀教者不善則爲易置擇子弟之秀者聚而教之鄉民爲社會爲立科條旌別善惡使有勸有恥在縣三歲民愛之如父母熙寧初用呂公著薦爲太子中允監察御史裏行神宗素知其名數召見每退必曰頻來對欲常常見卿一日從容咨訪報正午始趨出庭中人曰御史不知上未食乎前後進說甚多大要以正心窒慾求賢育材爲言務以誠意感悟主上嘗勸帝防未萌之欲及勿輕天下士帝俯躬曰當爲卿戒之王安石執政議更法令中外皆不以爲便言者攻之甚力顥被旨赴中堂議事安石方怒言者厲色待之顥徐曰天下事非一家私議願平氣以聽安石爲之媿屈自安石用事顥未嘗一語及於功利居職八九月數論時政最後言曰智者若禹之行水行其所無事也舍而之險阻不足以言智自古興治立事未有中外人情交謂不可而能有成者況於排斥忠良沮廢公

議用賤陵貴以邪干正者乎正使徼倖有小成而興利之臣日進尙德之風浸衰尤非朝廷之福遂乞去言職安石本與之善及是雖不合猶敬其忠信不深怒但出提點京西刑獄顥固辭改僉書鎭寧軍判官司馬光在長安上疏求退稱顥公直以爲己所不如程昉治河取澶卒八百而虐用之衆逃歸羣僚畏昉欲勿納顥曰彼逃死自歸弗納必亂若昉怒吾自任之卽親往啓門拊勞約少休三日復役衆讙踊而入具以事上得不遣昉後過州揚言曰澶卒之潰蓋程中允誘之吾且訴於上顥聞之曰彼方憚我何能爲果不敢言曹村埽決顥謂郡守劉渙曰曹村決京師可虞臣子之分身可塞亦所當爲盍盡遣廂卒見付渙以鎭印付顥立走決所激諭士卒議者以爲勢不可塞徒勞人爾顥命善泅者度決口引巨索濟衆兩岸並進數日而合求監洛河竹木務歷年不敘伐閱特遷太常丞帝又欲使修三經義執政不可命知扶溝縣廣濟蔡河在縣境瀕河惡子無生理顓脅取行舟財貨歲必焚舟十數以立威顥捕得一人使引其類貰宿惡分地處之令以挽繂爲業且察爲奸者自是境無焚剽患內侍王中正按閱保甲權焰章震諸邑競侈供張悅之主吏來請顥曰吾邑貧安能效他邑取於民法所禁也獨有令故青帳可用爾除判武學李定劾其新法之初首爲異論罷歸故官又坐獄逸囚責監汝州鹽稅哲宗立召爲宗正丞未行而卒年五十四顥資性過人充養有道和粹之氣盎於面背門人交友從之數十年亦未嘗見其忿厲之容遇事優爲雖當倉卒不動聲色自

十五六時。與弟頤聞汝南周敦頤論學。遂厭科舉之習。慨然有求道之志。泛濫於諸家。出入於老釋者幾十年。返求諸六經而後得之。秦漢以來。未有臻斯理者。教人自致知至於知止。誠意至於平天下。洒掃應對。至於窮理盡性。循循有序。病學者厭卑近而騖高遠。卒無成焉。故其言曰。道之不明。異端害之也。昔之害近而易知。今之害深而難辨。昔之惑人也乘其迷暗。今之惑人也因其高明。自謂之窮神知化。而不足以開物成務。言為無不周遍。實則外於倫理。窮深極微。而不可以入堯舜之道。天下之學。非淺陋固滯。則必入於此。自道之不明也。邪誕妖妄之說競起。塗生民之耳目。溺天下於汚濁。雖高才明智。膠於見聞。醉生夢死。不自覺也。是皆正路之蓁蕪。聖門之蔽塞。闢之而後可以入道。顥之死。士大夫識與不識。莫不哀傷焉。文彥博采衆論。題其墓曰明道先生。其弟頤序之曰。周公歿。聖人之道不行。孟軻死。聖人之學不傳。道不行。百世無善治。學不傳。千載無眞儒。無善治。士猶得以明夫善治之道。以淑諸人。以傳諸後。無眞儒。則貿貿焉莫知所之。人欲肆而天理滅矣。先生生於千四百年之後。得不傳之學於遺經。以興起斯文為己任。辨異端。闢邪說。使聖人之道。煥然復明於世。蓋自孟子之後。一人而已。然學者於道不知所向。則孰知斯人之為功。不知所至。則孰知斯名之稱情也哉。嘉定十三年。賜謚曰純公。淳祐元年。封河南伯。從祀孔子廟庭。（宋史程顥傳）

程伊川像

程頤傳

程頤。字正叔。年十八。上書闕下。欲天子黜世俗之論。以王道爲心。游太學。見胡瑗問諸生以顏子所好何學。頤因答曰。學以至聖人之道也。聖人可學而至歟。曰然。學之道如何。曰天地儲精。得五行之秀者爲人。其本也眞而靜。其未發也。五性具焉。曰仁義禮智信。形既生矣。外物觸其形而動其中矣。其中動而七情出焉。曰喜怒哀樂愛惡欲。情既熾而益蕩。其性鑿矣。是故覺者約其情。使合於中。正其心。養其性。愚者則不知制之。縱其情而至於邪僻。梏其性而亡之。然學之道。必先明諸心。知所養。然後力行以求至。所謂自明而誠也。誠之之道。在乎信道篤。信道篤。則行之果。行之果。則守之固。仁義忠信。不離乎心。造次必於是。顛沛必於是。出處語默必於是。久而弗失。則居之安。動容周旋中禮。而邪僻之心無自生矣。故顏子所事。則曰非禮勿視。非禮勿聽。非禮勿言。非禮勿動。仲尼稱之則曰。得一善則拳拳服膺而弗失之矣。又曰。不遷怒。不貳過。有不善。未嘗不知。知之未嘗復行。此其好之篤。學之得其道也。然聖人則不思而得。不勉而中。顏子則必思而後得。必勉而後中。其與聖人相去一息。所未至者。守之也。非化之也。以其好學之心。假之以年。則不日而化矣。後人不達。以謂聖本生知。非學可至。而爲學之道遂失。不求諸己而求諸外。以博聞強記。巧文麗辭爲工。榮華其言。鮮有至於道者。則今之學與顏子所好異矣。瑗得其文。大驚

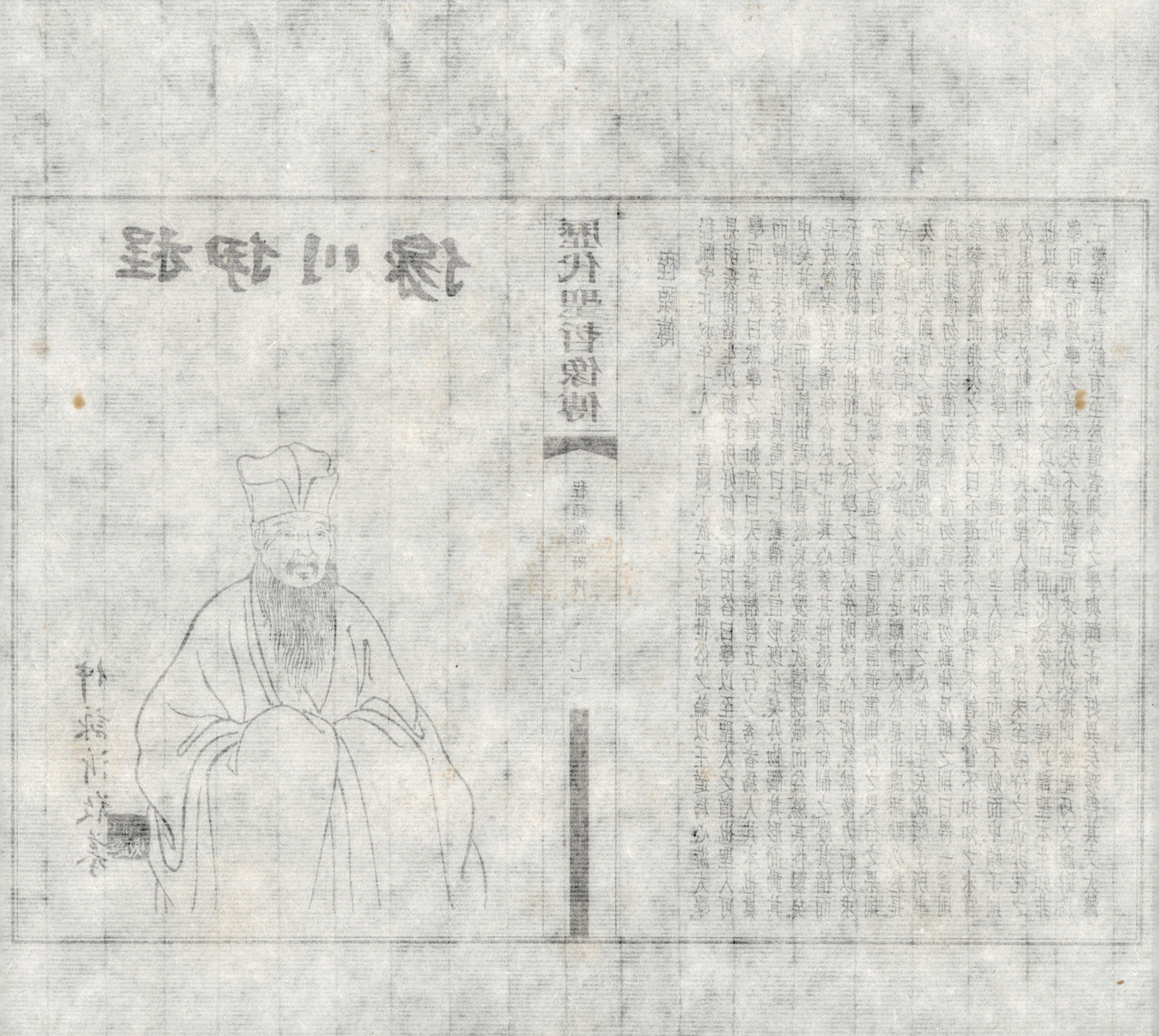

異之即延見。處以學職。呂希哲首以師禮事頤。治平元豐間。大臣屢薦。皆不起。哲宗初。司馬光呂公著共疏其行義。曰伏見河南府處士程頤。力學好古。安貧守節。言必忠信。動遵禮法。年踰五十。不求仕進。眞儒者之高蹈。聖世之逸民。望擢以不次。使士類有所矜式。詔以爲西京國子監教授。力辭。尋召爲祕書省校書郎。既入見。擢崇政殿說書。即上疏言。習與智長。化與心成。今夫人民善教其子弟者。亦必延名德之士。使與之處。以薰陶成性。況陛下春秋之富。雖睿聖得於天資。而輔養之道。不可不至。大率一日之中。接賢士大夫之時多。親寺人宮女之時少。則氣質變化。自然而成。願選名儒入侍勸講。講罷留之分直。以備訪問。或有小失。隨事獻規。歲月積久。必能養成聖德。頤每進講。色甚莊。繼以諷諫。聞帝在宮中盥而避蟻。問有是乎。曰然。誠恐傷之爾。頤曰。推此心以及四海。帝王之要道也。神宗喪未除。冬至百官表賀。頤言節序變遷。時思方切。乞改賀爲慰。既除喪。有司請開樂置宴。頤又言。除喪而用吉禮。尙當因事張樂。今特設宴。是喜之也。皆從之。帝嘗以瘡疹不御邇英累日。頤詣宰相問安否。且曰。上不御殿。太后不當獨坐。且人主有疾。大臣可不知乎。翌日。宰相以下始奏請問疾。蘇軾不悅於頤。頤門人賈易朱光庭不能平。合攻軾。胡宗愈顧臨詆頤不宜用。孔文仲極論之。遂出管勾西京國子監。久之。加直祕閣。再上表辭。董敦逸復摭其有怨望語。去官。紹聖中削籍。竄涪州。李清臣尹洛。即日迫遣之。欲入別叔母。亦不許。明日贐以銀百兩。頤不受。徽宗即位。徙峽州。俄復其官。又奪。於崇寧卒。年七十五。頤於書無所不讀。其學本於誠。以大學語孟中庸爲標指。而達於六經。動止語默。一以聖人爲師。其不至乎聖人不止也。張載稱其兄弟從十四五時。便脫然欲學聖人。故卒得孔孟不傳之學。以爲諸儒倡。其言之旨。若布帛菽粟。然知德者。尤尊崇之。嘗言今農夫祁寒暑雨。深耕易耨。播種五穀。吾得而食之。百工技藝作爲器物。吾得而用之。介冑之士。披堅執銳。以守土宇。吾得而安之。無功澤及人。而浪度歲月。晏然爲天地間一蠹。唯綴緝聖人遺書。庶幾有補爾。於是著易春秋傳。以傳於世。易傳序曰。易變易也。隨時變易以從道也。其爲書也。廣大悉備。將以順性命之理。通幽明之故。盡事物之情。而示開物成務之道也。聖人之憂患後世。可謂至矣。去古雖遠。遺經尙存。然而前儒失意以傳言。後學誦言而忘味。自秦而下。蓋無傳矣。予生千載之後。悼斯文之湮晦。將俾後人沿流而求源。此傳所以作也。易有聖人之道四焉。以言者尙其辭。以動者尙其變。以制器者尙其象。以卜筮者尙其占。吉凶消長之理。進退存亡之道。備於辭。推辭考卦。可以知變。象與占在其中矣。君子居則觀其象而玩其辭。動則觀其變而玩其占。得於辭不達其意者有矣。未有不得於辭而能通其意者也。至微者理也。至著者象也。體用一源。顯微無間。觀會通以行其典禮。則辭無所不備。故善學者求言必自近。易於近者。非知言者也。予所傳者辭也。由辭以得意。則在乎人焉。春秋傳序曰。天之生民。必有出類之才。起而君長之。治之而爭奪息。導之而生養遂。教之而倫理明。然後

人道立天道成。地道平。二帝而上。聖賢世出。隨時有作。順乎風氣之宜。不先天以開人。各因時而立政。暨乎三王迭興。三重既備。子丑寅之建正。忠質文之更尙。人道備矣。天運周矣。聖王既不復作。有天下者。雖欲倣古之跡。亦私意妄爲。而已事之謬。秦至以建亥爲正。道之悖。漢專以智力持世。豈復知先王之道也。夫子當周之末。以聖人不復作也。順天應時之治。不復有也。於是作春秋爲百王不易之大法。所謂考諸三王而不謬。建諸天地而不悖。質諸鬼神而無疑。百世以俟聖人而不惑者也。先儒之傳。游夏不能贊一辭。辭不待贊者也。言不能與於斯爾。斯道也。唯顏子嘗聞之矣。行夏之時。乘殷之輅。服周之冕。樂則韶舞。此其準的也。後世以史視春秋。謂褒善貶惡而已。至於經世之大法。則不知也。春秋大義數十。其義雖大。炳如日星。乃易見也。惟其微辭隱義。時措從宜者。爲難知也。或抑或縱。或予或奪。或進或退。或微或顯。而得乎義理之安。文質之中。寬猛之宜。是非之公。乃制事之權衡。揆道之模範也。夫觀百物。然後識化工之神。聚衆材。然後知作室之用。於一事一義而欲窺聖人之用心。非上智不能也。故學春秋者。必優游涵泳。默識心通。然後能造其微也。後王知春秋之義。則雖德非禹湯。尙可以法三代之治。自秦而下。其學不傳。予悼夫聖人之志不明於後世也。故作傳以明之。俾後之人通其文而求其義。得其意而法其用。則三代可復也。是傳也。雖未能極聖人之蘊奧。庶幾學者得其門而入矣。平生誨人不倦。故學者出其門最多。淵源所漸。皆爲名士。涪人祠頤於

北巖。世稱爲伊川先生。嘉定十三年。賜謚曰正公。淳祐元年。封伊陽伯。從祀孔子廟庭。門人劉絢李籲謝良佐游酢張繹蘇昞。皆班班可書。附於左。呂大鈞大臨見大防傳。（宋史程頤傳）

張橫渠像

蔡冠洛敬摹

張載傳

張載。字子厚。長安人。少喜談兵。至欲結客取洮西之地。年二十一。以書謁范仲淹。一見知其遠器。乃警之曰。儒者自有名教可樂。何事於兵。因勸讀中庸。載讀其書。猶以爲未足。又訪諸釋老累年。究極其說。知無所得。反而求之六經。嘗坐虎皮講易京師。聽從者甚衆。一夕。二程至。與論易。次日語人曰。比見二程。深明易道。吾所弗及。汝輩可師之。撤坐輟講。與二程語道學之要。渙然自信曰。吾道自足。何事旁求。於是盡棄異學。淳如也。舉進士。爲祁州司法參軍雲巖令。政事以敦本善俗爲先。每月吉具酒食召鄉人高年會縣庭。親爲勸酬。使人知養老事長之義。因問民疾苦。及告所以訓戒子弟之意。熙寧初。御史中丞呂公著言其有古學。神宗方一新百度。思得才哲士謀之。召見問治道。對曰。爲政不法三代者。終苟道也。帝悅。以爲崇文院校書。他日見王安石。安石問以新政。載曰。公與人爲善。則人以善歸。公如教玉人琢玉。則宜有不受命者矣。明州苗振獄起。往治之。末殺其罪。還朝。卽移疾。屛居南山下。終日危坐一室。左右簡編。俯而讀。仰而思。有得則識之。或中夜起坐。取燭以書。其志道精思。未始須臾息。亦未嘗須臾忘也。敝衣蔬食。與諸生講學。每告以知禮成性。變化氣質之道。學必如聖人而後已。以爲知人而不知天。求爲賢人而不求爲聖人。此秦漢以來學者大蔽也。故其學尊禮貴德。樂天安命。以易爲宗。以中庸爲體。以孔孟爲

張栻遺像

張敬夫傳

[illegible]

法。黜怪妄。辨鬼神。其家昏喪葬祭。率用先王之意。而傳以今禮。又論定井田宅里。發斂學校之法。皆欲條理成書。使可舉而措諸事業。呂大防薦之曰。載之始終。善發明聖人之遺旨。其論政治。略可復古。宜還其舊職。以備諮訪。乃詔知太常禮院。與有司議禮不合。復以疾歸。中道疾甚。沐浴更衣而寢。旦而卒。貧無以斂。門人共買棺。奉其喪還。翰林學士許將等。言其恬於進取。乞加贈卹。詔賜館職。半賻。載學古力行。爲關中士人宗師。世稱爲橫渠先生。著書號正蒙。又作西銘曰。乾稱父。坤稱母。予茲藐焉。乃混然中處。故天地之塞。吾其體。天地之帥。吾其性。民吾同胞。物吾與也。大君者。吾父母宗子。其大臣宗子之家相也。尊高年。所以長其長。慈孤幼。所以幼其幼。聖其合德。賢其秀也。凡天下疲癃殘疾。惸獨鰥寡。皆吾兄弟之顚連而無告者也。于時保之。子之翼也。樂且不憂。純乎孝者也。違曰悖德。害仁曰賊。濟惡者不才。其踐形惟肖者也。知化則善述其事。窮神則善繼其志。不愧屋漏爲無忝。存心養性爲匪懈。惡旨酒。崇伯子之顧養。育英材。潁封人之錫類。不弛勞而底豫。舜其功也。無所逃而待烹。申生其恭也。體其受而歸全者參乎。勇於從而順令者伯奇也。富貴福澤。將厚吾之生也。貧賤憂戚。庸玉女於成也。存吾順事。歿吾寧也。程頤嘗言西銘。明理一而分殊。擴前聖所未發。與孟子性善養氣之論同功。自孟子後。蓋未之見。學者至今尊其書。嘉定十三年。賜諡曰明公。淳祐元年。封郿伯。從祀孔子廟庭。弟戩。

（宋史張載傳）

朱熹傳

朱熹。字元晦。一字仲晦。徽州婺源人。父松。字喬年。中進士第。胡世將謝克家薦之。除祕書省正字。趙鼎都督川陜荆襄軍馬。招松爲屬。辭。鼎再相。除校書郎。遷著作郎。以御史中丞常同薦。除度支員外郎。史館校勘。歷司勳吏部郎。秦檜決策議和。松與同列上章。極言其不可。檜怒。風御史論松懷異自賢。出知饒州。未上卒。熹幼穎悟。甫能言。父指天示之曰。天也。熹問曰。天之上何物。松異之。就傅。授以孝經。一閱。題其上曰。不若是。非人也。嘗從羣兒戲沙上。獨端坐。以指畫沙。視之。八卦也。年十八。貢于鄉。中紹興十八年進士第。主泉州同安簿。選邑秀民。充弟子員。日與講說聖賢修己治人之道。禁女婦之爲僧道者。罷歸。請祠監潭州南嶽廟。明年。以輔臣薦。與徐度呂廣問韓元吉同召。以疾辭。孝宗卽位。詔求直言。熹上封事。言聖躬雖未有過失。而帝王之學。不可以不熟講。朝政雖未有闕遺。而修攘之計。不可以不早定。利害休戚。雖不徧舉。而本原之地。不可以不加意。陛下毓德之初。親御簡策。不過風誦文辭。吟詠情性。又頗留意於老子釋氏之書。夫記誦詞藻。非所以探淵源而出治道。虛無寂滅。非所以貫本末而立大中。帝王之學。必先格物致知。以極夫事物之變。使義理所存。纖悉畢照。則自然意誠心正。而可以應天下之務。次言修攘之計。不時定者。講和之說誤之也。夫金人於我有不共戴天之讎。則不可和也明矣。願斷以義理之公。

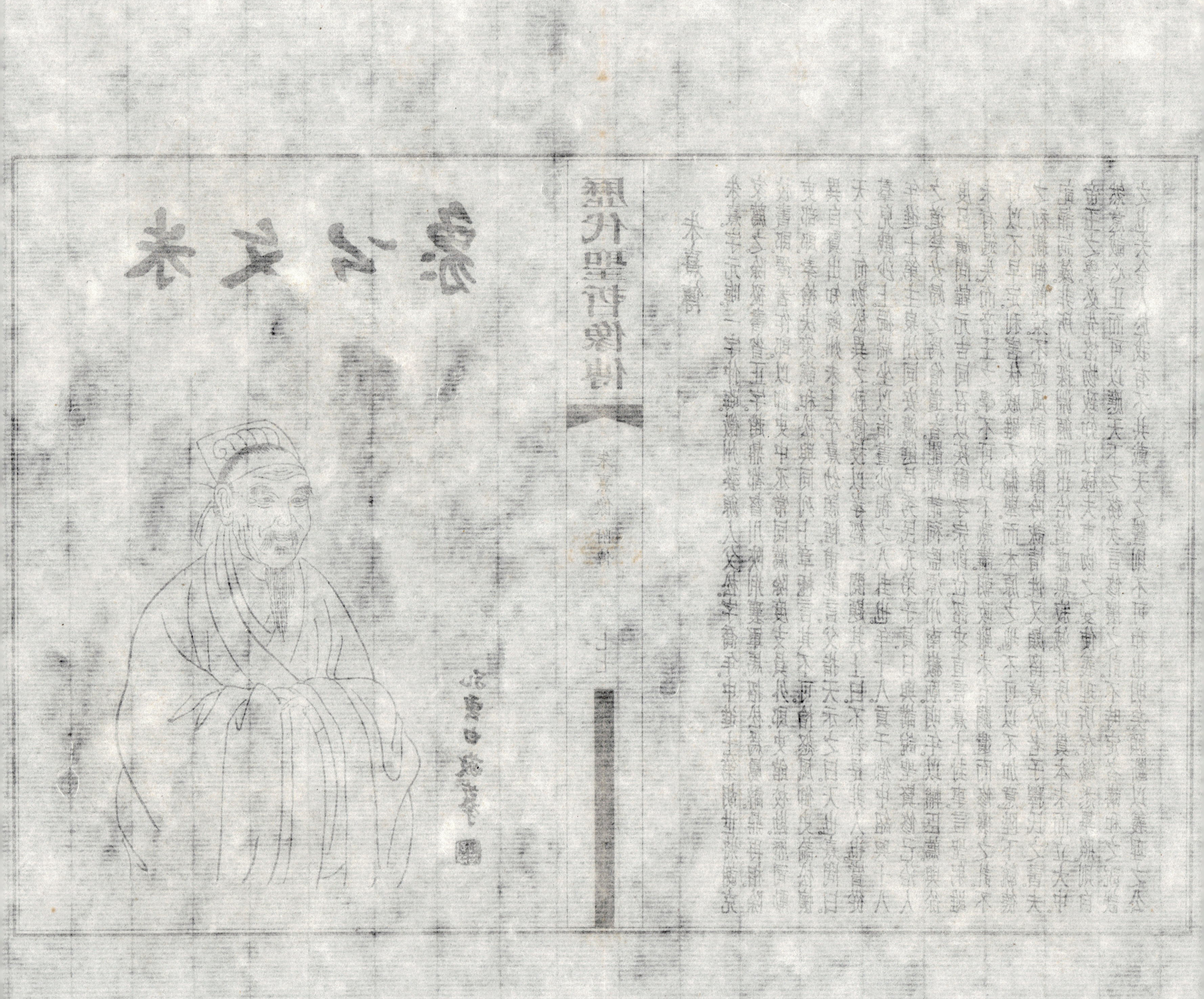

閉關絕約。任賢使能。立紀綱。厲風俗。數年之後。國富兵強。視吾力之強弱。觀彼釁之淺深。徐起而圖之。次言四海利病。係斯民之休戚。斯民休戚。係守令之賢否。監司者。守令之綱。朝廷者。監司之本也。欲斯民之得其所。本原之地。亦在朝廷而已。今之監司。姦贓狼籍。肆虐以病民者。莫非宰執臺諫之親舊賓客。其已失勢者。既按見其交私之狀而斥去之。尙在勢者。豈無其人。顧陛下無自而知之耳。隆興元年。復召入對。其一言大學之道。在乎格物以致其知。陛下雖有生知之性。高世之行。而未嘗隨事以觀理。卽理以應事。是以舉措之間。動涉疑貳。聽納之際。未免蔽欺。平治之效。所以未著。其二言君父之讐。不與共戴天。今日所當爲者。非戰無以復讐。非守無以制勝。且陳古先聖王所以強本折衝。威制遠人之道。時相湯思退。方倡和議。除熹武學博士。待次。乾道元年。促就職。既至而洪适爲相。復主和論。不合歸。三年。陳俊卿劉珙薦爲樞密院編修官。待次。五年。丁內艱。六年。工部侍郎胡銓以詩人薦。與王庭珪同召。以未終喪辭。七年。既免喪。復召。以祿不及養辭。九年。梁克家相。申前命。又辭。克家奏熹屢召不起。宜蒙褒錄。執政俱稱之。上曰。熹安貧守道。廉退可嘉。特改令入官。主管台州崇道觀。熹以求退得進。於義未安。再辭。淳熙元年。始拜命。二年。上欲獎用廉退。以勵風俗。龔茂良行丞相。以熹名進。除秘書郎。力辭。且以手書遺茂良。言一時權倖。羣小乘間讒毀。乃因熹再辭。卽從其請。主管武夷山沖佑觀。五年。史浩再相。除知南康軍。降旨便道之官。熹再辭。不許。至郡。興利除害。值歲不雨。講求荒政。多所全活。訖事。奏乞依格推賞。納粟人。間詣郡學。引進士子。與之講論。訪白鹿洞書院遺址。奏復其舊。爲學規俾守之。明年夏。大旱。詔監司郡守條具民間利病。遂上疏言。天下之務。莫大於恤民。而恤民之本。在人君正心術以立紀綱。蓋天下之紀綱。不能以自立。必人主之心術公平正大。無偏黨反側之私。然後有所繫而立。君心不能以自正。必親賢臣。遠小人。講明義理之歸。閉塞私邪之路。然後乃可得而正。今宰相臺省師傅賓友諫諍之臣。皆失其職。而陛下所與親密謀議者。不過一二近習之臣。上以蠱惑陛下之心志。使陛下不信先王之大道。而悅於功利之卑說。不樂莊士之讜言。而安於私褻之鄙態。下則招集天下士大夫之嗜利無恥者。文武彙分。各入其門。所喜則陰爲引援。擢寘清顯。所惡則密行訾毀。公肆擠排。交通貨賂。所盜者皆陛下之財。命卿置將。所竊者皆陛下之柄。陛下所謂宰相師傅賓友諫諍之臣。或反出其門牆。承望其風旨。其幸能自立者。亦不過齗齗自守。而未嘗敢一言以斥之。其甚畏公論者。乃能略警。逐其徒黨之一二。既不能深有所傷。而終亦不敢正言以擣其囊橐窟穴之所在。勢成威立。中外靡然向之。使陛下之號令黜陟。不復出於朝廷。而出於一二人之門。名爲陛下獨斷。而實此一二人者陰執其柄。且云莫大之禍。必至之憂。近在朝夕。而陛下獨未之知。上讀之大怒曰。是以我爲亡也。熹以疾請祠。不報。陳俊卿以舊相守金陵。過闕入見。薦熹甚力。宰相趙雄言於上曰。士之好名。陛下疾之愈甚。則人之譽之愈衆。無乃適

所以高之。不若因其長而用之。彼漸當事任。能否自見矣。上以爲然。乃除熹提舉江西常平茶鹽公事。旋錄救荒之勞。除直祕閣。以前所奏納粟人未推賞。辭。會浙東大饑。宰相王淮奏改熹提舉浙東常平茶鹽公事。即日單車就道。復以納粟人未推賞辭職名。納粟賞行。遂受職名入對。首陳災異之由。與修德任人之說。次言陛下即政之初。蓋嘗選建英豪。任以政事。不幸其間不能盡得其人。是以不復廣求賢哲。而姑取軟熟易制之人以充其位。於是左右私褻使令之賤。始得以奉燕閒。備驅使。而宰相之權日輕。又慮其勢有所偏。而因重以壅己也。則時聽外廷之論。將以陰察此輩之負犯而操切之。陛下既未能循天理。公聖心以正朝廷之大體。則固已失其本矣。而又欲兼聽士大夫之言。以爲駕馭之術。則士大夫之進見有時。而近習之從容無間。士大夫之禮貌既莊而難親。其議論又苦而難入。近習便嬖側媚之態。既足以蠱心志。在胥吏狡獪之術。又足以眩聰明。是以雖欲微抑此輩。而此輩之勢日重。雖欲兼采公論。而士大夫之勢日輕。重者既挾其重以竊陛下之權。輕者又借力於所重。以爲竊位固寵之計。日往月來。浸淫耗蝕。使陛下之德業日隳。綱紀日壞。邪佞充塞。貨賂公行。兵愁民怨。盜賊間作。災異數見。饑饉荐臻。羣小相挺。人人皆得滿其所欲。惟有陛下了無所得。而顧乃獨受其弊。上爲動容。所奏凡七事。其一二事手書以防宣洩。熹始拜命。即移書代郡。募米商。蠲其征。及至。則客舟之米已輻輳。熹日鉤訪民隱。按行境內。單車屏徒從。所至人不及知。郡縣官吏

憚其風采。至自引去。所部肅然。凡丁錢和買役法榷酤之政。有不便於民者。悉釐而革之。於救荒之餘。隨事處畫。必爲經久之計。有短熹者。謂其疏於爲政。上謂王淮曰。朱熹政事却有可觀。熹以前後奏請。多所見抑。幸而從者率稽緩後時。蝗旱相仍。不勝憂憤。復奏言。爲今之計。獨有斷自聖心。沛然發號。責躬求言。然後君臣相戒。痛自省改。其次惟有盡出內庫之錢。以供大禮之費。爲收糴之本。詔戶部免徵舊負。詔漕臣依條檢放租稅。詔宰臣沙汰被災路分州軍監司守臣之無狀者。遴選賢能。責以荒政。庶幾猶足下結人心。消其乘時作亂之意。不然。臣恐所憂者不止於饑殍。而將在於盜賊。蒙其害者不止於官吏。而上及於國家也。知台州唐仲友與王淮同里爲姻家。吏部尚書鄭丙侍御史張大經交薦之。遷江西提刑。未行。熹行部至台。訟仲友者紛然。按得其實。章三上。淮匿不以聞。熹論愈力。仲友亦自辯。淮乃以熹章進呈。上令宰屬看詳。都司陳庸等乞令浙西提刑委清強官究實。仍令熹速往旱傷州郡相視。熹時留台未行。既奉詔。益上章論。前後六上。淮不得已。奪仲友江西新命。以授熹。辭不拜。遂歸。且乞奉祠。時鄭丙上疏詆程氏之學。且以沮熹。淮又擢太府寺丞陳賈爲監察御史。賈面對。首論近日搢紳有所謂道學者。大率假名以濟僞。願考察其人。擯棄勿用。蓋指熹也。十年。詔以熹累乞奉祠。可差主管台州崇道觀。既而連奉雲臺鴻慶之祠者五年。十四年。周必大相。除熹提點江西刑獄公事。以疾辭。不許。遂行。十五年。淮罷相。遂入奏。首言近年刑獄失當。獄官當擇

其人。次言經總制錢之病民。及江西諸州科罰之弊。而其末言。陛下卽位二十七年。因循荏苒。無尺寸之效。可以仰酬聖志。嘗反覆思之。無乃燕閒蠖濩之中。虛明應物之地。天理有所未純。人欲有所未盡。是以爲善不能充其量。除惡不能去其根。一念之頃。公私邪正。是非得失之機。交戰於其中。故體貌大臣非不厚。而便嬖側媚。得以深被腹心之寄。寤寐英豪非不切。而柔邪庸謬。得以久竊廊廟之權。非不樂聞公議正論。而有時不容。非不堲讒說殄行。而未免誤聽。非不欲報復陵廟讎恥。而未免畏怯苟安。非不愛養生靈財力。而未免歎息愁怨。願陛下自今以往。一念之頃。必謹而察之。此爲天理耶。人欲耶。果天理也。則敬以充之而不使其少有壅閼。果人欲也。則敬以克之而不使其少有凝滯。推而至於言語動作之間。用人處事之際。無不以是裁之。則聖心洞然。中外融徹。無一毫之私欲。得以介乎其閒。而天下之事。將惟陛下所欲爲。無不如志矣。是行也。有要之於路。以爲正心誠意之論。上所厭聞。戒勿以爲言。熹曰。吾平生所學。惟此四字。豈可隱默以欺吾君乎。及奏。上曰。久不見卿。浙東之事。朕自知之。今當處卿淸要。不復以州縣爲煩也。時曾覿已死。王抃亦逐。獨內侍甘昪尚在。熹力以爲言。上曰。昪乃德壽所薦。爲其有才耳。熹曰。小人無才。安能動人主。翌日。除兵部郎官。以足疾丐祠。本部侍郎。林栗嘗與熹論易西銘不合。劾熹本無學術。徒竊張載程頤緒餘。謂之道學。所至輒攜門生數十人。妄希孔孟歷聘之風。邀索高價。不肯供職。其僞不可掩。上曰。林栗言似過。周必大言。熹上殿之日。足疾未瘳。勉強登對。上曰。朕亦見其跛曳。左補闕薛叔似亦奏援熹。乃令依舊職江西提刑。太常博士葉適上疏與栗辨。謂其言無一實者。謂之道學一語。無實尤甚。往日王淮表裏臺諫。陰廢正人。蓋用此術。詔熹昨入對。所論皆新任職事。朕亦諒其誠。復從所請。可疾速之任。會胡晉臣除侍御史。首論栗執抝不通。喜同惡異。無事而指學者爲黨。乃黜栗知泉州。熹再辭免。除直寶文閣主管西京嵩山崇福宮。未踰月。再召。熹又辭。始熹嘗以爲口陳之說。有所未盡。乞具封事以聞。至是投匭進封事曰。今天下大勢。如人有重病。內自心腹。外達四支。無一毛一髮不受病者。且以天下之大本。與今日之急務。爲陛下言之。大本者。陛下之心。急務則輔翼太子。選任大臣。振舉綱紀。變化風俗。愛養民力。修明軍政。六者是也。古先聖王。兢兢業業。持守此心。是以建師保之官。列諫諍之職。凡飲食酒漿。衣服次舍。器用財賄。與夫宦官宮妾之政。無一不領於冢宰。使其左右前後。一動一靜。無不制以有司之法。而無纖芥之隙。瞬息之頃。得以隱其毫髮之私。陛下所以精一克復。而持守其心。果有如此之功乎。所以修身齊家而正其左右。果有如此之效乎。宮省事禁。臣固不得而知。然爵賞之濫。貨賂之流。閭巷竊言。久已不勝其籍籍。則陛下所以修之家者。恐其未有以及古之聖王也。至於左右便嬖之私。恩遇過當。往者淵覿說抃之徒。勢焰熏灼。傾動一時。今已無可言矣。獨有前日臣所面陳者。雖蒙聖慈委曲開譬。然臣之愚。竊以爲此輩但當使之守門傳命。供掃除之役。不當

假借崇長。使得逞邪媚。作淫巧於內。以蕩上心。立門庭。招權勢於外。以累聖政。臣聞之道路。自王抃既逐之後。諸將差除。多出此人之手。陛下竭生靈膏血以奉軍旅。顧乃未嘗得一溫飽。是皆將帥巧爲名色。奪取其糧。肆行貨賂於近習。以圖進用。出入禁闥。腹心之臣。外交將帥。共爲欺蔽。以至於此。而陛下不悟。反寵暱之。以是爲我之私人。至使宰相不得議其制置之得失。給練不得論其除授之是非。則陛下所以正其左右者。未能及古之聖王又明矣。至於輔翼太子。則自王十朋陳良翰之後。宮僚之選。號爲得人。而能稱其職者。蓋已鮮矣。而又時使邪佞儇薄。闒冗庸妄之輩。或得參錯於其間。所謂講讀。亦姑以應文備數。而未聞其有箴規之效。至於從容朝夕。陪侍遊燕者。又不過使臣宦者數輩而已。師傅賓客。既不復置。而詹事庶子。有名無實。其左右春坊。遂直以使臣掌之。既無以發其隆師親友。尊德樂義之心。又無以防其戲慢媟狎。奇衺雜進之害。宜討論前典。置師傅賓客之官。罷去春坊使臣。而使詹事庶子。各復其職。至於選任大臣。則以陛下之聰明。豈不知天下之事。必得剛明公正之人而後可以任哉。其所以常不得如此之人。而反容鄙夫之竊位者。直以一念之間。未能徹其私邪之蔽。而燕私之好。便嬖之流。不能盡由於法度。若用剛明公正之人。以爲輔相。則恐其有以妨吾之事。害吾之人。而不得肆。是以選擇之際。常先排擯此等。而後取凡疲懦軟熟。平日不敢直言正色之人而揣摩之。又於其中。得其至庸極陋。決可保其不至於有所妨者。然後而加之於位。

是以除書未出。而物色先定。姓名未顯。而中外已逆知其決非天下第一流矣。至於振肅紀綱。變化風俗。則今日宮省之間。禁密之地。而天下不公之道。不正之人。顧乃得以窟穴盤據於其間。而陛下目見耳聞。無非不公不正之事。則其所以薰蒸銷鑠。使陛下好善之心不著。疾惡之意不深。其害已有所不勝言者矣。及其作姦犯法。則陛下又未能深割私愛。而付諸外廷之議論。以有司之法。是以紀綱不正於上。風俗頹弊於下。其爲患之日久矣。而浙中爲尤甚。大率習爲軟美之態。依阿之言。以不分是非。不辨曲直爲得計。甚者以金珠爲脯醢。以契劵爲詩文。宰相可啗則啗宰相。近習可通則通近習。惟得之求。無復廉恥。一有剛毅正直。守道循理之士。出乎其間。則羣議衆排。指爲道學。而加以矯激之罪。十數年來。以此二字禁錮天下之賢人君子。復如昔時所謂元祐學術者。排擯詆辱。必使無所容其身而後已。此豈治世之事哉。至於愛養民力。修明軍政。則自虞允文之爲相也。盡取版曹歲入窠名之必可指擬者。號爲歲終羡餘之數。而輸之內帑。顧以其有名無實。積累掛欠。空載簿籍。不可催理者。撥還版曹。以爲內帑之積。將以備他日用兵進取不時之須。然自是以來。二十餘年。內帑歲入。不知幾何。而認爲私貯。典以私人。宰相不得以式貢均節其出入。版曹不得以簿書勾考其在亡。日銷月耗。以奉燕私之費者。蓋不知其幾何矣。而曷嘗聞其能用此錢。以易敵人之首。如太祖之言哉。徒使版曹經費闕乏日甚。督促日峻。以至廢去祖宗以來破分良法。而必以十分登足爲

[illegible]

限。以爲未足。則又造爲比較監司郡守殿最之法。以誘脅之。於是中外承風。競爲苛急。此民力之所以重困也。諸將之求進也。必先掊尅士卒以殖私利。然後以此自結於陛下之私人。而蘄以姓名。達於陛下之貴將。貴將得其姓名。卽以付之軍中。使自什伍以上。節次保明。稱其材武。堪任將帥。然後具奏牘而言之陛下之前。陛下但見等級推先。案牘具備。則誠以爲公薦。而可以得人矣。而豈知其論價輸錢。已若晚唐之債帥哉。夫將者。三軍之司命。而其選置之方。乖剌如此。則彼智勇材略之人。孰肯抑心下首於宦官宮妾之門。而陛下之所得以爲將帥者。皆庸夫走卒。而猶望其修明軍政。激勸士卒以强國勢。豈不誤哉。凡此六事。皆不可緩。而本在於陛下之一心。一心正。則六事無有不正。一有人心私欲以介乎其間。則雖欲憊精勞力。以求正夫六事者。亦將徒爲文具。而天下之事愈至於不可爲矣。疏入。夜漏下七刻。上已就寢。亟起。秉燭讀之終篇。明日除主管太一宮兼崇政殿說書。熹力辭。除祕閣修撰。奉外祠。光宗卽位。再辭。職名仍舊。直寶文閣。降詔獎諭。居數月。除江東轉運副使。以疾辭。改知漳州。奏除屬縣無名之賦七百萬。減經總制錢四百萬。以習俗未知禮。采古喪葬嫁娶之儀。揭以示之。命父老解說。以敎子弟。土俗崇信釋氏。男女聚僧廬爲傳經會。女不嫁者。爲菴舍以居。熹悉禁之。常病經界不行之害。會朝論欲行泉汀漳三州經界。熹乃訪事宜。擇人物及方量之法上之。而土居豪右。侵漁貧弱者。以爲不便。沮之。宰相留正泉人也。其里黨亦多以爲不可行。布衣

吳禹圭上書訟其擾人。詔且罷。後有旨先行漳州經界。明年以子喪請祠。時史浩入見。請收天下人望。乃除熹祕閣修撰。主管南京鴻慶宮。熹再辭。詔論撰之職。以寵名儒。乃拜命。除荊湖南路轉運副使。辭漳州經界。竟報罷。以言不用自劾。除知靜江府。辭主管南京鴻慶宮。未幾。差知潭州。力辭。黃裳爲嘉王府翊善。自以學不及熹。乞召爲宮僚王府直講。彭龜年亦爲大臣言之。留正曰。正非不知熹。但其性剛。恐到此不合。反爲累耳。熹方再辭。有旨長沙巨屛。得賢爲重。遂拜命。會洞獠擾屬郡。熹遣人諭以禍福。皆降之。申敕令。嚴武備。戢姦吏。抑豪民。所至興學校。明教化。四方學者畢至。寧宗卽位。趙汝愚首薦熹及陳傅良。有旨赴行在奏事。熹行且辭。除煥章閣待制侍講。辭。不許。入對。首言乃者太皇太后躬定大策。陛下寅紹丕圖。可謂處之以權。而庶幾不失其正。自頃至今三月矣。或反不能無疑於逆順名實之際。竊謂陛下憂之。猶有可諉者。亦曰陛下之心。前日未嘗有求位之計。今日未嘗忘思親之懷。此其所以行權而不失其正之根本也。充未嘗求位之心。以盡負罪引慝之誠。充未嘗忘親之心。以致溫凊定省之禮。而大倫正。大本立矣。復面辭待制侍講。上手劄。卿經術淵源。正資勸講。次對之職。勿復勞辭。以副朕崇儒重道之意。遂拜命。會趙彥逾按視孝宗山陵。以爲土肉淺薄。下有水石。孫逢吉覆按。乞別求吉兆。有旨集議。臺史憚之。議中輟。熹竟上議狀言。壽皇聖德衣冠之藏。當博訪名山。不宜偏信臺史。委之水泉沙礫之中。不報。時論者以爲上未還大內。則名體不正。而

疑議生。金使且來。或有窺伺。有旨修葺舊東宮爲屋至數百間。欲徙居之。熹奏疏言。此必左右近習。倡爲此說以誤陛下。而欲因以遂其姦心、臣恐不惟上帝震怒。災異數出。正當恐懼修省之時。不當興此大役。以咈譴告警動之意、亦恐畿甸百姓。饑餓流離。阽於死亡之際、或能怨望忿切。以生他變。不惟無以感格太上皇帝之心。以致未有進見之期。亦恐壽皇在殯。因山未卜。几筵之奉。不容少弛。太皇太后皇太后。皆以尊老之年。煢然在憂苦之中。晨昏之養。尤不可闕。而四方之人。但見陛下亟欲大治宮室。速得成就。一旦翩然委而去之。以就安便。六軍萬民之心。將有扼腕不平者矣。前鑑未遠。甚可懼也。又聞太上皇后。懼忤太上皇帝聖意。不欲其聞太上之稱。又不欲其聞內禪之說。此又慮之過者。殊不知若但如此。而不爲宛轉方便。則父子之間。上怨怒而下憂恐。將何時而已。父子大倫。三綱所繫。久而不圖。亦將有借其名以造謗生事者。此又臣之所大懼也。願陛下明詔大臣。首罷修葺東宮之役。而以其工料回就慈福重華之間。草創寢殿一二十間。使粗可居。若夫過宮之計。則臣又願陛下下詔自責。減省輿衞。入宮之後。暫變服色。如唐肅宗之改服紫袍。執控馬前者。以伸負罪引慝之誠。則太上皇帝雖有忿怒之情。亦且霍然消散。而歡意浹洽矣。至若朝廷之紀綱。則臣又願陛下深詔左右。勿預朝政。其實有勳庸而所得褒賞未愜衆論者。亦詔大臣公議其事。稽考令典。厚報其勞。而凡號令之弛張。人才之進退。則一委之二三大臣。使之反覆較量。勿徇己見。酌取公論。奏而行之。有不當者。繳駁論難。擇其善者。稱制臨決。則不惟近習不得干預朝權。大臣不得專任己私。而陛下亦得以益明習天下之事。而無所疑於得失之算矣。若夫山陵之卜。則願黜臺史之說。別求草澤。以營新宮。使壽皇之遺體得安於內。而宗社生靈皆蒙福於外矣。疏入不報。然上亦未有怒熹意也。每以所講編次成帙以進。上亦開懷容納。熹又奏勉上進德云。願陛下日用之間。以求放心爲之本。而於玩經觀史。親近儒學。益用力焉。數召大臣切劘治道。羣臣進對。亦賜溫顏。反覆詢訪。以求政事之得失。民情之休戚。而又因以察其人才之邪正短長。庶於天下之事。各得其理。熹奏禮經勑令子爲父。嫡孫承重爲祖父。皆斬衰三年。嫡子當爲其父後。不能襲位執喪。則嫡孫繼統而代之執喪。自漢文短喪。歷代因之。天子遂無三年之喪。爲父且然。則嫡孫承重可知。人紀廢壞。三綱不明。千有餘年。莫能釐正。壽皇聖帝。至性自天。易月之外。猶執通喪。朝衣朝冠。皆用大布。所宜著在方册。爲萬世法程。間者遺詔初頒。太上皇帝偶違康豫。不能躬就喪次。陛下以世嫡承大統。則承重之服。著在禮律。所宜遵壽皇已行之法。一時倉卒。不及詳議。遂用漆紗淺黃之服。不惟上違禮律。且使壽皇已行之禮。舉而復墜。臣竊痛之。然既往之失。不及追改。有將來啓殯發引。禮當復用初喪之服。會孝宗祔廟。議宗廟迭毀之制。孫逢吉曾三復首請併祧僖宣二祖。奉太祖居第一室。祫祭則正東向之位。有旨集議。僖順翼宣四祖祧主。宜有所歸。自太祖皇帝首尊四祖之廟。治平間。議者以世數寖

遠。請遷僖祖於夾室。後王安石等。奏僖祖有廟。與稷契無異。請復其舊。時相趙汝愚雅不以復祀僖祖爲然。侍從多從其說。吏部尚書鄭僑欲且祧宣祖而祔孝宗。熹以爲藏之夾室。則是以祖宗之主。下藏於子孫之夾室。神宗復奉以爲始祖。已爲得禮之正。而合於人心。所謂有舉之而莫敢廢者乎。又擬爲廟制以辨。以爲物豈有無本而生者。廟堂不以聞。卽毀撤僖宣廟室。更創別廟以奉四祖。始寧宗之立。韓侂胄自謂有定策功。居中用事。熹憂其害政。數以爲言。且約吏部侍郎彭龜年共論之。會龜年出護使客。熹乃上疏斥言左右竊柄之失。在講筵復申言之。御批云。憫卿耆艾。恐難立講。已除卿宮觀。汝愚袖御筆還上。且諫且拜。內侍王德謙徑以御筆付熹。臺諫爭留不可。樓鑰陳傅良旋封還。錄黃修注官。劉光祖鄧馹封章交上。熹行被命。除寶文閣待制。與州郡差遣。辭。尋除知江陵府。辭。仍乞追還新舊職名。詔依舊煥章閣待制。提舉南京鴻慶宮。慶元元年。初趙汝愚既相。收召四方知名之士。中外引領望治。熹獨惕然以侂胄用事爲慮。既屢爲上言。又數以手書啓汝愚。當用厚賞酬其勞。勿使得預朝政。有防微杜漸。謹不可忽之語。汝愚方謂其易制。不以爲意。及是。汝愚亦以誣逐。而朝廷大權。悉歸侂胄矣。熹始以廟議自劾。不許。以疾再乞休致。詔辭職謝事。非朕優賢之意。依舊祕閣修撰。二年。沈繼祖爲監察御史。誣熹十罪。詔落職。罷祠。門人蔡元定亦送道州編管。四年。熹以年近七十。申乞致仕。五年。依所請。明年卒。年七十一。疾且革。手書屬其子在及門人范念德黃榦拳拳以勉學及修正遺書爲言。翌日正坐。整衣冠。就枕而逝。熹登第五十年。仕於外者僅九考。立朝纔四十日。家故貧。少依父友劉子羽寓建之崇安。後徙建陽之考亭。簞瓢屢空。晏如也。諸生之自遠而至者。豆飯藜羹。率與之共。往往稱貸於人以給用。而非其道義。則一介不取也。自熹去國。侂胄勢益張。何澹爲中司。首論專門之學。文詐沽名。乞辨眞僞。劉德秀仕長沙。不爲張栻之徒所禮。及爲諫官。首論留正。引僞學之罪。僞學之稱。蓋自此始。太常少卿胡紘言。比年僞學猖獗。圖爲不軌。望宣諭大臣。權住進擬。遂召陳賈爲兵部侍郎。未幾。熹有奪職之命。劉三傑以前御史論熹汝愚劉光祖徐誼之徒。前日之僞黨。至此又變而爲逆黨。卽日除三傑右正言右諫議大夫。姚愈論道學權臣。結爲死黨。窺伺神器。乃命直學士院高文虎草詔諭天下。於是攻僞學日急。選人余嘉至上書。乞斬熹。方是時。士之繩趨尺步。稍以儒名者。無所容其身。從游之士。特立不顧者。屏伏丘壑。依阿巽懦者。更名他師。過門不入。甚至變易衣冠。狎游市肆。以自別其非黨。而熹日與諸生講學不休。或勸其謝遣生徒者。笑而不答。有籍田令陳景思者。故相康伯之孫也。與侂胄有姻連。勸侂胄勿爲已甚。侂胄意亦漸悔。熹既沒。將葬。言者謂四方僞徒。期會送僞師之葬。會聚之間。非妄談時人短長。則謬議時政得失。望令守臣約束。從之。嘉泰初。學禁稍弛。二年。詔熹以致仕除華文閣待制。與致仕恩澤。後侂胄死。詔賜熹遺表恩澤。諡曰文。尋贈中大夫。特贈寶謨閣直學士。理宗寶慶三年。贈太師。追封信國公。改

徽國。始熹少時。慨然有求道之志。父松病亟。嘗屬熹曰。籍溪胡原仲白水劉致中屏山、劉彥沖三人。學有淵源。吾所敬畏。吾卽死。汝往事之。而惟其言之聽。三人謂胡憲劉勉之劉子翬也。故熹之學旣博求之經傳。復徧交當世有識之士。延平李侗老矣。嘗學於羅從彥。熹歸自同安。不遠數百里。徒步往從之。其爲學大抵窮理以致其知。反躬以踐其實。而以居敬爲主。嘗謂聖賢道統之傳。散在方册。聖經之旨不明。而道統之傳始晦。於是竭其精力以研窮聖賢之經訓。所著書有易本義啓蒙。蓍卦考誤。詩集傳。大學中庸章句或問。論語孟子集註。太極圖通書。西銘解。楚辭集註辨證。韓文考異。所編次有論孟集議。孟子指要。中庸輯略。孝經刊誤。小學書。通鑑綱目。宋名臣言行錄。家禮。近思錄。河南程氏遺書。伊洛淵源錄。皆行於世。熹沒。朝廷以其大學語孟中庸訓說。立於學宮。又有儀禮經傳通解。未脫藁。亦在學宮。平生爲文凡一百卷。生徒問答凡八十卷。別錄十卷。理宗紹定末。祕書郎李心傳。乞以司馬光周敦頤邵雍張載程顥程頤朱熹七人列于從祀。不報。淳祐元年正月。上視學。手詔以張周二程及熹從祀孔子廟。黃榦曰。道之正統。待人而後傳。自周以來。任傳道之責者。不過數人。而能使斯道章章較著者。一二人而止耳。由孔子而後。曾子子思繼其微。至孟子而始著。由孟子而後。周程張子繼其絕。至熹而始著。識者以爲知言。熹子在紹定中。爲吏部侍郎。（宋史朱熹傳）

韓昌黎像

山陰田康濟敬摹

韓愈傳

韓愈。字退之。鄧州南陽人。七世祖茂。有功於後魏。封安定王。父仲卿。爲武昌令。有美政。既去。縣人刻石頌德。終祕書郎。愈生三歲而孤。隨伯兄會貶官嶺表。會卒。嫂鄭鞠之。愈自知讀書。日記數千百言。比長。盡能通六經百家學。擢進士第。會董晉爲宣武節度使。表署觀察推官。晉卒。愈從喪出。不四日。汴軍亂。乃去。依武寧節度使張建封。建封辟府推官。操行堅正。鯁言無所忌。調四門博士。遷監察御史。上疏極論宮市。德宗怒。貶陽山令。有愛在民。民生子。多以其姓字之。改江陵法曹參軍。元和初。權知國子博士。分司東都。三歲爲眞。改都官員外郎。卽拜河南令。遷職方員外郎。華陰令柳澗有辠。前刺史劾奏之。未報而刺史罷。澗諷百姓遮索軍頓役直。後刺史惡之。按其獄。貶澗房州司馬。愈過華以爲刺史陰相黨。上疏治之。既御史覆問得澗贓。再貶封溪尉。愈坐是復爲博士。既才高數黜。官又下遷。乃作進學解以自諭曰。國子先生晨入太學。召諸生立館下誨之曰。業精于勤。荒于嬉。行成于思。毁于隨。方今聖賢相逢。治具畢張。拔去兇邪。登崇畯良。占小善者率以錄。名一藝者無不庸。爬羅剔抉。刮垢磨光。蓋有幸而獲選。孰云多而不揚。諸生業患不能精。無患有司之不明。行患不能成。無患有司之不公。言未既。有笑于列者曰。先生欺予哉。弟子事先生于茲有年矣。先生口不絕吟於六藝之文。手不停披於百家之編。記事者必提其要。纂

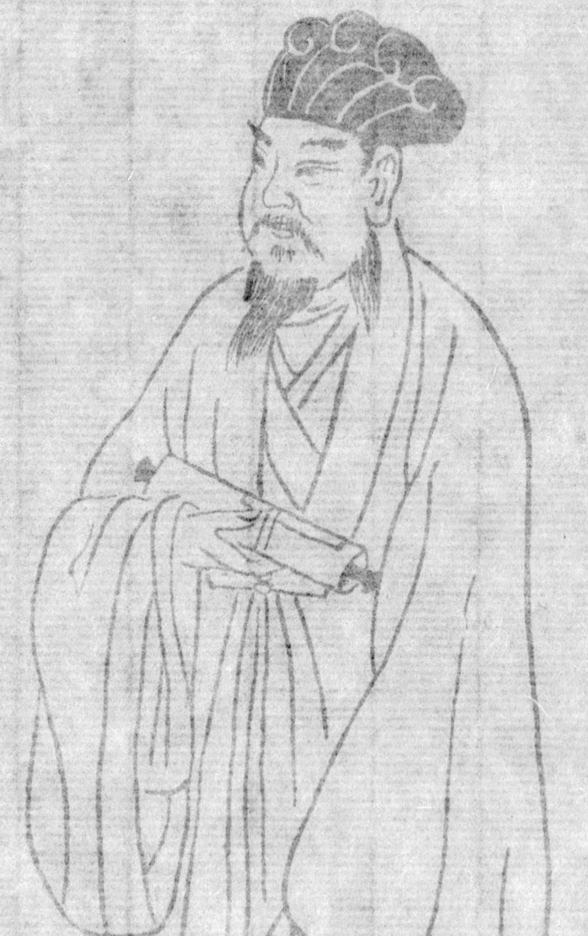

言者必鉤其玄。貪多務得。細大不捐。燒膏油以繼晷。常矻矻以窮年。先生之業。可謂勤矣。觝排異端。攘斥佛老。補苴罅漏。張皇幽眇。尋墜緒之茫茫。獨旁搜而遠紹。障百川而東之。回狂瀾於既倒。先生之於儒。可謂有勞矣。沈浸醲郁。含英咀華。作爲文章。其書滿家。上規姚姒。渾渾亡涯。周誥商盤。佶屈聱牙。春秋謹嚴。左氏浮夸。易奇而法。詩正而葩。下逮莊騷。太史所錄。子雲相如。同工異曲。先生之於文。可謂閎其中而肆其外矣。少始知學。勇於敢爲。長通於方。左右具宜。先生之於爲人。可謂成矣。然而公不見信於人。私不見助於友。跋前躓後。動輒得咎。暫爲御史。遂竄南夷。三年博士。冗不見治。命與仇謀。取敗幾時。冬煖而兒號寒。年豐而妻啼饑。頭童齒豁。竟死何裨。不知慮此。而反教人爲。先生曰。吁子來前。夫大木爲杗。細木爲桷。欂櫨侏儒。椳闑扂楔。各得其所。施以成室者。匠氏之工也。玉札丹砂。赤箭青芝。牛溲馬勃。敗鼓之皮。俱收並蓄。待用無遺者。醫師之良也。登明選公。雜進巧拙。紆餘爲妍。卓犖爲傑。校短量長。唯器是適者。宰相之方也。昔者孟軻好辯。孔道以明。轍環天下。卒老于行。荀卿宗王。大倫以興。逃讒于楚。廢死蘭陵。是二儒者。吐詞爲經。舉足爲法。絕類離倫。優入聖域。其過於世何如也。今先生學雖勤而不繇其統。言雖多而不要其中。文雖奇而不濟於用。行雖脩而不顯於衆。猶且月費俸錢。歲靡廩粟。子不知耕。婦不知織。乘馬從徒。安坐而食。踵常塗之促促。窺陳編以盜竊。然而聖主不加誅。宰臣不見斥。茲非其幸歟。動而得謗。名亦隨之。投閑置散。乃分之宜。若夫商財賄之有無。計班資之崇庳。忘量己之所稱。指前人之瑕疵。是所謂詰匠氏之不以杙爲楹。而訾醫師以昌陽引年。欲進其豨苓也。執政覽之。奇其才。改比部郎中史館脩撰。轉考功知制誥。進中書舍人。初憲宗將平蔡。命御史中丞裴度使諸軍按視。及還。且言賊可滅。與宰相議不合。愈亦奏言。淮西連年脩器械防守。金帛糧畜。耗於給賞。執兵之卒。四向侵掠。農夫織婦。餉於其後。得不償費。比聞畜馬皆上槽櫪。此譬有十夫之力。自朝抵夕。跳躍叫呼。勢不支久。必自委頓。當其已衰。三尺童子可制其命。況以三州殘弊困劇之餘。而當天下全力。其敗可立而待也。然未可知者。在陛下斷與不斷耳。夫兵不多。不足以取勝。必勝之師。利在速戰。兵多而戰不速。則所費必廣。疆埸之上。日相攻劫。近賊州縣。賦役百端。小遇水旱。百姓愁苦。方此時。人人異議以惑陛下。陛下持之不堅。半塗而罷。傷威損費。爲弊必深。所要先決於心。詳度本末。事至不惑。乃可圖功。又言諸道兵羈旅單弱不足用。而界賊州縣。百姓習戰鬬。知賊深淺。若募以內軍。教不三月。一切可用。又欲四道置兵。道率三萬。畜力伺利。一日俱縱。則蔡首尾不救。可以責功。執政不喜。會有人詆愈在江陵時。爲裴均所厚。均子鍔素無狀。愈爲文章字命鍔。謗語囂暴。由是改太子右庶子。及度以宰相節度彰義軍。宣慰淮西。奏愈行軍司馬。愈請乘遽先入汴。說韓弘使叶力。元濟平。遷刑部侍郎。憲宗遣使者往鳳翔迎佛骨入禁中。三日。乃送佛祠。王公士人奔走膜唄。至爲夷法灼體膚。委珍貝。騰沓係路。愈聞惡之。乃上表曰。佛者。夷狄

之一法耳自後漢時始入中國上古未嘗有也昔黃帝在位百年年百一十歲少昊在位八十年年百歲顓頊在位七十九年年九十歲帝嚳在位七十年年百五歲堯在位九十八年年百一十八歲帝舜在位及禹年皆百歲此時天下太平百姓安樂壽考然而中國未有佛也其後湯亦年百歲湯孫太戊在位七十五年武丁在位五十年書史不言其壽推其年數蓋不減百歲周文王年九十七歲武王年九十三歲穆王在位百年此時佛法亦未至中國非因事佛而致然也漢明帝時始有佛法明帝在位纔十八年耳其後亂亡相繼運祚不長宋齊梁陳元魏以下事佛漸謹年代尤促唯梁武帝在位四十八年前後三捨身施佛宗廟祭不用牲牢晝日一食止於菜果後爲侯景所逼餓死臺城國亦尋滅事佛求福乃更得禍由此觀之佛不足信亦可知矣高祖始受隋禪則議除之當時羣臣識見不遠不能深究先王之道古今之宜推闡聖明以救斯弊其事遂止臣常恨焉伏惟睿聖文武皇帝陛下神聖英武數千百年以來未有倫比即位之初即不許度人爲僧尼道士又不許別立寺觀臣當時以爲高祖之志必行於陛下今縱未能即行豈可恣之令盛也今陛下令羣僧迎佛骨於鳳翔御樓以觀舁入大内又令諸寺遞加供養臣雖至愚必知陛下不惑於佛作此崇奉以祈福祥也直以豐年之樂徇人之心爲京都士庶設詭異之觀戲玩之具耳安有聖明若此而肯信此等事哉然百姓愚冥易惑難曉苟見陛下如此將謂眞心信佛皆云天子大聖猶一心信向百姓微賤於佛豈合更惜身命以至灼頂燔指十百爲羣解衣散錢自朝至暮轉相倣效唯恐後時老幼奔波棄其生業若不即加禁遏更歷諸寺必有斷臂臠身以爲供養者傷風敗俗傳笑四方非細事也佛本夷狄之人與中國言語不通衣服殊製口不道先王之法言身不服先王之法服不知君臣之義父子之情假如其身尚在奉其國命來朝京師陛下容而接之不過宣政一見禮賓一設賜衣一襲衛而出之於境不令貳於衆也況其身死已久枯朽之骨凶穢之餘豈宜以入宮禁孔子曰敬鬼神而遠之古之諸侯弔於其國必令巫祝先以桃茢祓除不祥然后進弔今無故取朽穢之物親臨觀之巫祝不先桃茢不用羣臣不言其非御史不舉其失臣實恥之乞以此骨付之水火永絕根本斷天下之疑絕前代之惑使天下之人知大聖人之所作爲出於尋常萬萬也佛如有靈能作禍祟凡有殃咎宜加臣身上天鑒臨臣不怨悔表入帝大怒持示宰相將抵以死裴度崔羣曰愈言訐牾罪之誠宜然非内懷至忠安能及此願少寬假以來諫爭帝曰愈言我奉佛太過猶可容至謂東漢奉佛以後天子咸夭促言何乖剌邪愈人臣狂妄敢爾固不可赦於是中外駭懼雖戚里諸貴亦爲愈言乃貶潮州刺史既至潮以表哀謝曰臣以狂妄戇愚不識禮度陳佛骨事言涉不恭正名定罪萬死莫塞陛下哀臣愚忠恕臣狂直謂言雖可罪心亦無他特屈刑章以臣爲潮州刺史既免刑誅又獲祿食聖恩寬大天地莫量破腦刳心豈足爲謝臣所領州在廣府極東過海口下惡水濤瀧壯猛

難計期程。颶風鱷魚。患禍不測。州南近界。漲海連天。毒霧瘴氛。日夕發作。臣少多病。年纔五十。髮白齒落。理不久長。加以罪犯至重。所處遠惡。憂惶慙悸。死亡無日。單立一身。朝無親黨。居蠻夷之地。與魑魅同羣。苟非陛下哀而念之。誰肯爲臣言者。臣受性愚陋。人事多所不通。惟酷好學問文章。未嘗一日暫廢。實爲時輩所見推許。臣於當時之文。亦未有過人者。至於論述陛下功德。與詩書相表裏。作爲歌詩。薦之郊廟。紀太山之封。鏤白玉之牒。鋪張對天之宏休。揚厲無前之偉蹟。編於詩書之策而無愧。措於天地之間而無虧。雖使古人復生。臣未肯讓。伏以皇唐受命有天下。四海之內。莫不臣妾。南北東西。地各萬里。自天寶以後。政治少懈。文致未優。武剋不剛。孽臣奸隸。蠹居棊處。搖毒自防。外順內悖。父死子代。以祖以孫。如古諸侯自擅其地。不朝不貢。六七十年。四聖傳序。以至陛下。陛下卽位以來。躬親聽斷。旋乾轉坤。關機闔開。雷厲風飛。日月清照。天戈所麾。無不從順。宜定樂章。以告神明。東巡泰山。奏功皇天。具著顯庸。明示得意。使永永年。服我成烈。當此之際。所謂千載一時不可逢之嘉會。而臣負罪嬰釁。自拘海島。戚戚嗟嗟。日與死迫。曾不得奏薄伎於從官之內。隸御之間。窮思畢精。以贖前過。懷痛窮天。死不閉目。伏惟陛下天地父母。哀而憐之。帝得表。頗感悔。欲復用之。持示宰相曰。愈前所論。是大愛朕。然不當言天子事佛乃年促耳。皇甫鎛素忌愈直。卽奏言。愈終狂疏。可且內移。乃改袁州刺史。初愈至潮州。問民疾苦。皆曰。惡溪有鱷魚。食民畜產且盡。民以是窮。數日。愈自往視之。令其屬秦濟。以一羊一豚。投谿水而祝之曰。昔先王既有天下。列山澤。罔繩擉刃。以除蟲蛇惡物。爲民物害者。驅而出之四海之外。及德薄不能遠有。則江漢之間。尙皆棄之。以與蠻夷楚越。況湖嶺之間。去京師萬里哉。鱷魚之涵淹卵育於此。亦固其所。今天子嗣唐位。神聖慈武。四海之外。六合之內。皆撫而有之。況禹跡所揜。揚州之近地。刺史縣令之所治。出貢賦以供天地宗廟百神之祀之壤者哉。鱷魚其不可與刺史雜處此土也。刺史受天子命。守此土。治此民。而鱷魚睅然不安谿潭。據處食民畜熊豕鹿麞。以肥其身。以種其子孫。與刺史拒爭。爲長雄。刺史雖駑弱。亦安肯爲鱷魚低首下心。伈伈睍睍。爲吏民羞。以偸活於此也。且承天子命以來爲吏。固其勢不得不與鱷魚辨。鱷魚有知。其聽刺史。潮之州。大海在其南。鯨鵬之大。蝦蟹之細。無不容歸。以生以食。鱷魚朝發而夕至也。今與鱷魚約。盡三日。其率醜類南徙于海。以避天子之命吏。三日不能至五日。五日不能至七日。七日不能。是終不肯徙也。是不有刺史聽從其言也。不然。則是鱷魚冥頑不靈。刺史雖有言。不聞不知也。夫傲天子之命吏。不聽其言。不徙以避之。與頑不靈而爲民物害者。皆可殺。刺史則選材技民。操彊弓毒矢。以與鱷魚從事。必盡殺乃止。其無悔。祝之夕。暴風震電起谿中。數日。水盡涸。西徙六十里。自是潮無鱷魚患。袁人以男女爲隸。過朝不贖。則沒入之。愈至。悉計庸得贖所沒。歸之父母七百餘人。因與約。禁其爲隸。召拜國子祭酒。轉兵部侍郎。鎭州亂。殺田弘正。而立王廷湊。詔愈宣撫。既

行。衆皆危之。元稹言韓愈可惜。穆宗亦悔。詔愈度事從宜。無必入。愈至。廷湊嚴兵迓之。甲士陳廷。旣坐。廷湊曰。所以紛紛者。乃此士卒也。愈大聲曰。天子以公爲有將帥材。故賜以節。豈意同賊反邪。語未終。士前奮曰。先太師爲國擊朱滔。血衣猶在。此軍何負。乃以爲賊乎。愈曰。以爲爾不記先太師也。若猶記之。固善。天寶以來。安祿山史思明李希烈等。有子若孫在乎。亦有居官者乎。衆曰。無。愈曰。田公以魏博六州歸朝廷。官中書令。父子受旗節。劉悟李祐皆大鎮。此爾軍所共聞也。衆曰。弘正刻。故此軍不安。愈曰。然爾曹亦害田公。又殘其家矣。復何道。衆讙曰。善。廷湊慮衆變。疾麾使去。因曰。今欲廷湊何所爲。愈曰。神策六軍將如牛元翼者爲不乏。但朝廷顧大體。不可棄之。公久圍之何也。廷湊曰。卽出之。愈曰。若爾則無事矣。會元翼亦潰圍出。廷湊不追。愈歸。奏其語。帝大悅。轉吏部侍郎。時宰相李逢吉惡李紳。欲逐之。遂以愈爲京兆尹。兼御史大夫。特詔不臺參。而除紳中丞。紳果劾奏愈。愈以詔自解。其後文刺紛然。宰相以臺府不協。遂罷愈爲兵部侍郎。而出紳江西觀察使。紳見帝得留。愈亦復爲吏部侍郎。長慶四年卒。年五十七。贈禮部尚書。謚曰文。愈性明銳。不詭隨。與人交。始終不少變。成就後進士。往往知名。經愈指授。皆稱韓門弟子。愈官顯。稍謝遣。凡內外親若交友。無後者爲嫁遺孤女。而卹其家。嫂鄭喪。爲服朞以報。每言文章。自漢司馬相如太史公劉向揚雄後。作者不世出。故愈深探本元。卓然樹立。成一家言。其原道原性師說等數十篇。皆奥衍閎深。與孟軻揚雄相表裏。而佐佑六經云。至它文。造端置辭。要爲不襲蹈前人者。然惟愈爲之。沛然若有餘。至其徒李翺李漢皇甫湜從而效之。遽不及遠甚。從愈游者。若孟郊張籍。亦皆自名於時。

贊曰。唐興。承五代剖分。王政不綱。文弊質窮。䖵俚混幷。天下已定。治荒剔蠹。討究儒術。以興典憲。薰醲涵浸。殆百餘年。其後文章稍稍可述。至貞元元和間。愈遂以六經之文爲諸儒倡。障隄末流。反刓以樸。剗僞以眞。然愈之才。自視司馬遷揚雄。至班固以下不論也。當其所得。粹然一出於正。刊落陳言。橫騖別驅。汪洋大肆。要之無牴牾聖人者。其道蓋自比孟軻。以荀況揚雄爲未淳。寧不信然。至進諫陳謀。排難卹孤。矯拂媮末。皇皇於仁義。可謂篤道君子矣。自晉汔隋。老佛顯行。聖道不斷如帶。諸儒倚天下正議。助爲怪神。愈獨喟然。引聖爭四海之惑。雖蒙訕笑。跲而復奮。始若未之信。卒大顯於時。昔孟軻拒楊墨。去孔子才二百年。愈排二家。乃去千餘歲。撥衰反正。功與齊而力倍之。所以過況雄。爲不少矣。自愈沒。其言大行。學者仰之。如泰山北斗云。（唐書韓愈傳）

柳刺史像

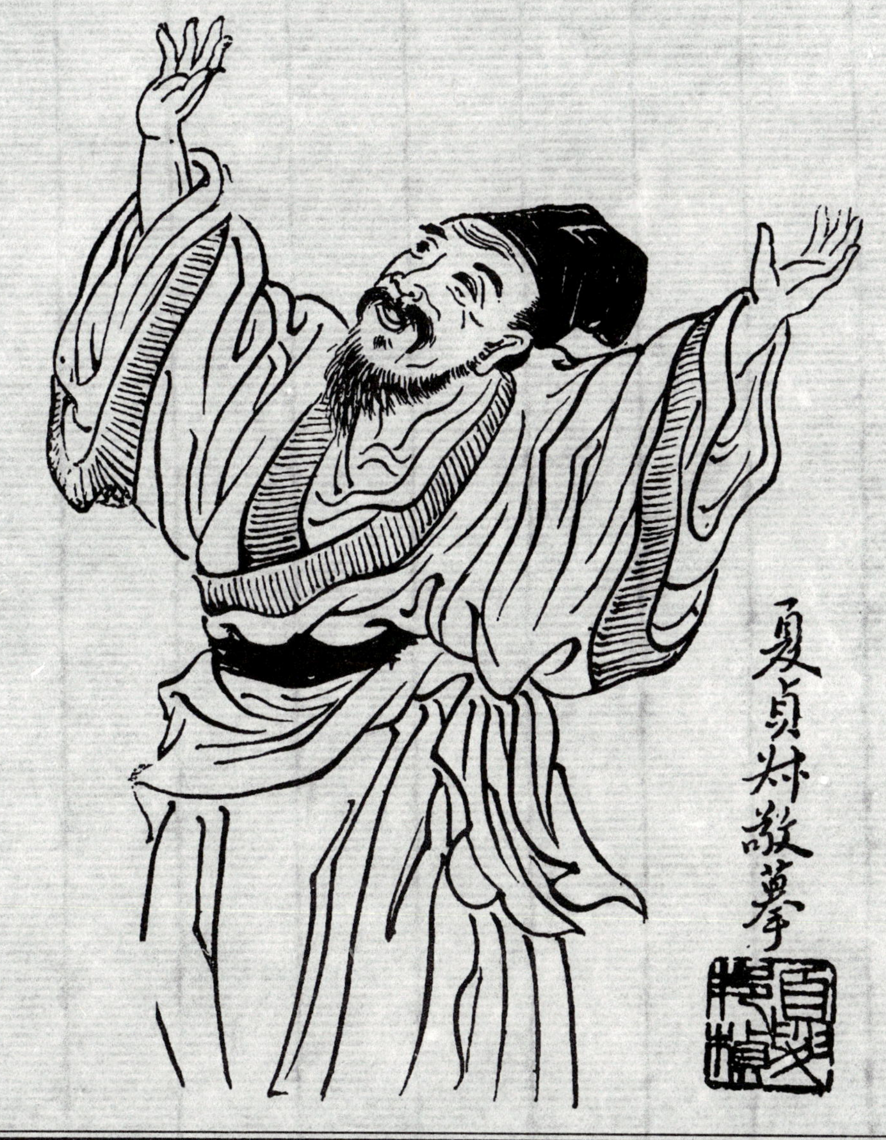

柳宗元傳

柳宗元。字子厚。其先蓋河東人。從曾祖奭。爲中書令。得罪武后。死高宗時。父鎭。天寶末遇亂。奉母隱王屋山。常間行求養。後徙於吳。肅宗平賊。鎭上書言事。擢左衞率府兵曹參軍。佐郭子儀朔方府。三遷殿中侍御史。以事觸竇參。貶夔州司馬。還終侍御史。宗元少精敏絕倫。爲文章卓偉精緻。一時輩行推仰。第進士。博學宏辭科。授校書郎。調藍田尉。貞元十九年。爲監察御史裏行。善王叔文韋執誼。二人者。奇其才。及得政。引內禁近。與計事。擢禮部員外郎。欲大進用。俄而叔文敗。貶邵州刺史。不半道。貶永州司馬。既竄斥。地又荒癘。因自放山澤間。其堙厄感鬱。一寓諸文。倣離騷數十篇。讀者咸悲惻。雅善蕭俛。詒書言情曰。僕嚮者。進當䠑䡖不安之勢。平居閉門。口舌無數。又久與游者。岌岌而操其間。其求進而退者。皆聚爲仇怨。造作粉飾。蔓延益肆。非的然昭晰。自斷于內。孰能了僕於冥冥間哉。僕當時年三十三。自御史裏行。得禮部員外郎。超取顯美。欲免世之求進者。怪怒媢疾。可得乎。與罪人交十年。官以是進。辱在附會。聖朝寬大。貶黜甚薄。不塞衆人之怒。謗語轉侈。囂囂嗷嗷。漸成怪人。飾智求仕者。更詈僕以悅仇人之心。日爲新奇。務相悅可。自以速援引之路。僕輩坐益困辱。萬罪橫生。不知其端。悲夫。人生少六七十者。今三十七矣。長來覺日月益促。歲歲更甚。大都不過數十寒暑。無此身矣。是非榮辱。又何足道。云云不已。祗益爲

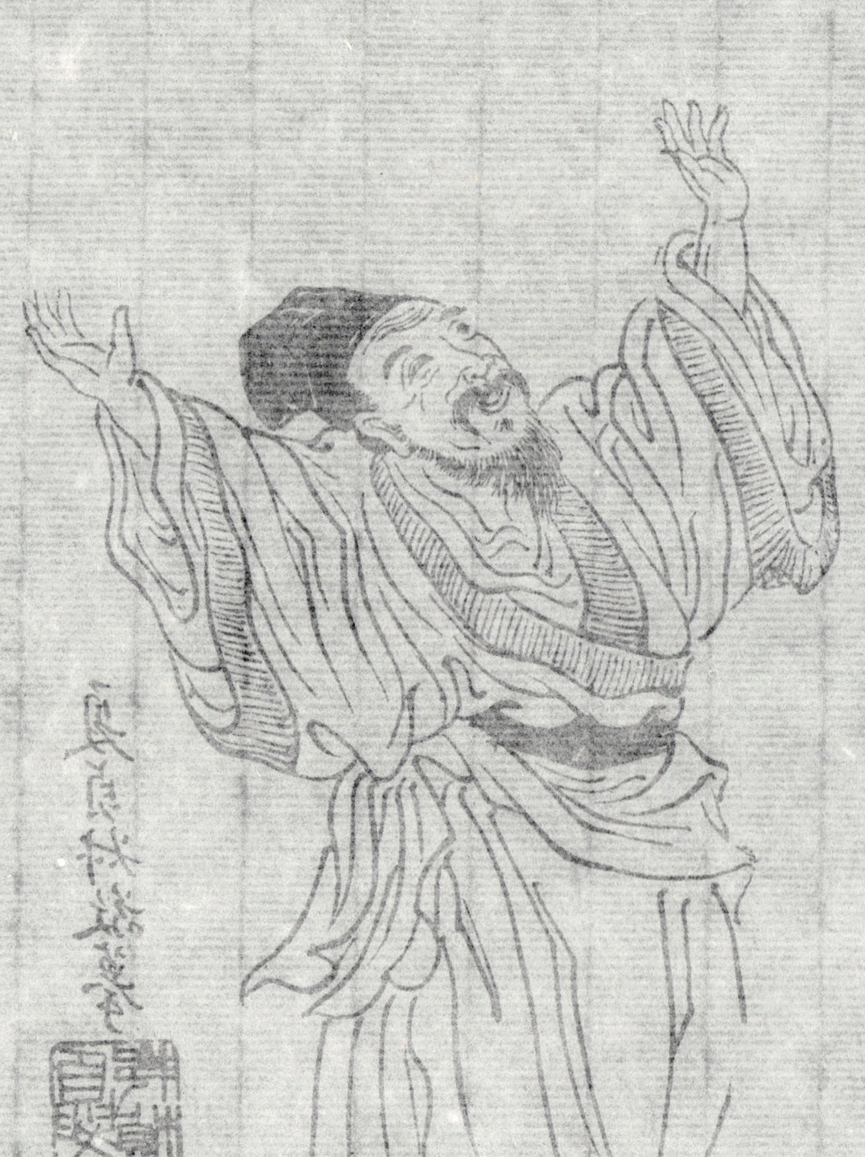

罪。居蠻夷中久。慣習炎毒。昏眊重膇。意以爲常。忽遇北風。晨起薄寒中體。則肌革慘懍。毛髮蕭條。瞿然注視怵惕。以爲異候。意緒。殆非中國人也。楚越間聲音特異。鴂舌啅譟。今聽之恬然不怪。已與爲類矣。家生小童。皆自然嘵嘵晝夜滿耳。聞北人言。則啼呼走匿。雖病夫亦怛然駭之。出門見適州閭市井者。其十八九杖而後興。自料居此。尚復幾何。豈可更不知止。言說長短。重爲一世非笑哉。讀易困卦至有言不信。尚口乃窮。往復益喜。曰嗟乎。余雖家置一喙。以自稱道。詬益甚耳。用是更樂瘖默。與木石爲徒。不復致意。今天子興教化。定邪正。海内皆欣欣怡愉。而僕與四五子者。淪陷如此。豈非命歟。命乃天也。非云云者所制。又何恨。然居治平之世。終身爲頑人之類。猶有少耻。未能盡忘。儻因賊平慶賞之際。得以見白。使受天澤餘潤。雖朽枿敗腐。不能生植。猶足蒸出芝菌。以爲瑞物。一釋廢錮。移數縣之地。則世必曰罪稍解矣。然後收召魂魄。買土一廛爲耕甿。朝夕謌謠。使成文章。庶木鐸者采取。獻之法宮。增聖唐大雅之什。雖不得位。亦不虛爲太平人矣。又詒京兆尹許孟容曰。宗元早歲。與負罪者親善。始奇其能。謂可以共立仁義。裨教化。過不自料。勤勤勉勵。唯以忠正信義爲志。與堯舜孔子道。利安元元爲務。不知愚陋。不可以彊。其素意如此也。末路厄塞臲卼。事既壅隔。很忤貴近。狂疎繆戾。蹈不測之辜。今黨與幸獲寬貸。各得善地。無公事。坐食奉祿。德至渥也。尚何敢更俟除棄廢痼。希望外之澤哉。年少氣銳。不識幾微。不知當否。但欲一心直遂。果陷刑法。皆自則求取。又何怪也。宗元於衆黨人中。罪狀最甚。神理降罰。又不能即死。猶對人語言。飲食自活。迷不知耻。日復一日。然亦有大故。自以得姓來二千五百年。代爲冢嗣。今抱非常之罪。居夷獠之鄉。卑濕昏霧。恐一日塡委溝壑。曠墜先緒。以是怛然痛恨。心骨沸熱。煢煢孤立。未有子息。荒陬中少士人女子。無與爲婚。世亦不肯與罪人親昵。以是嗣續之重。不絕如縷。每春秋時饗。孑立捧奠。顧眄無後繼者。懍懍然欷歔惴惕。恐此事便已。摧心傷骨。若受鋒刃。此誠丈人所共閔惜也。先墓在城南。無異子弟爲主。獨託村鄰。自譴逐來。消息存亡不一至。鄉閭主守。固以益怠。晝夜哀憤。懼便毀傷松柏。芻牧不禁。以成大戾。近世禮重拜掃。今闕者四年矣。每遇寒食。則北向長號。以首頓地。想田野道路。士女徧滿。皁隸庸丐。皆得上父母丘墓。馬醫夏畦之鬼。無不受子孫追養者。然此已息望。又何以云哉。城西有數頃田。樹果數百株。多先人手自封植。今已荒穢。恐便斬伐。無復愛惜。家有賜書三千卷。尚在善和里舊宅。宅今三易主。書存亡不可知。皆付受所重。常繫心腑。然無可爲者。立身一敗。萬事瓦裂。身殘家破。爲世大僇。是以當食不知辛鹹節適。洗沐盥澈。動逾歲時。一搔皮膚。塵垢滿爪。誠憂恐悲傷。無所告愬。以至此也。自古賢人才士。秉志遵分。被謗議不能自明者。以百數。故有無兄盜嫂。娶孤女撾婦翁者。然賴當世豪傑。分明辨別。卒光史冊。管仲遇盜。升爲功臣。匡章被不孝名。孟子禮之。今已無古人之實。爲而有詬。欲望世人之明己。不可得也。直不疑買金以償同舍。劉寬下車歸牛鄉人。此誠知疑似

之不可辯。非口舌所能勝也。鄭詹束縛於晉。終以無死。鍾儀南音。卒獲返國。叔向囚虜。自期必免。范痤騎危。以生易死。蒯通據鼎耳。爲齊上客。張蒼韓信伏斧鑕。終取將相。鄒陽獄中。以書自活。賈生斥逐。復召宣室。兒寬擯厄。後至御史大夫。董仲舒劉向下獄當誅。爲漢儒宗。此皆瓌偉博辯奇壯之士。能自解脫。今以恇怯淟涊。下才末伎。又嬰痼病。雖欲慷慨攘臂。自同昔人。愈疏闊矣。賢者不得志於今。必取貴於後。古之著書者皆是也。宗元近欲務此。然力薄志劣。無異能解。欲秉筆覼縷。神志荒耗。前後遺忘。終不能成章。往時讀書。自以不至觝滯。今皆頑然無復省錄。讀古人一傳數紙後。則再三伸卷。復觀姓氏。旋又廢失。假令萬一除刑部囚籍。復爲士列。亦不堪當世用矣。伏惟興哀於無用之地。垂德於不報之所。以通家宗祀爲念。有可動心者。操之勿失。雖不敢望歸掃坐域。退託先人之廬。以盡餘齒。姑遂少北。益輕瘴癘。就婚娶。求胄嗣。有可付託。卽冥然長辭。如得甘寢。無復恨矣。然衆畏其才高。懲刈復進。故無用力者。宗元久汨。振其爲文。思益深。嘗著書一篇。號貞符曰。臣所貶州流人吳武陵爲臣言。董仲舒對三代受命之符。誠然非邪。臣曰非也。何獨仲舒爾。司馬相如劉向揚雄班彪彪子固。皆沿襲嗤嗤。推古瑞物以配受命。其言類淫巫瞽史。誑亂後代。不足以知聖人立極之本。顯至德。揚大功。甚失厥趣。臣爲尚書郎時。嘗著貞符。言唐家正德。受命於生人之意。累積厚久。宜享無極之義。本末閎闊。會貶逐中輟。不克備究。武陵卽叩頭邀臣。此大事不宜以辱故休缺。使聖王之

典不立。無以抑詭類拔正道。表覈萬代。臣不勝奮激。卽具爲書。念終泯沒蠻夷。不聞于時。獨不爲也。苟一明大道。施于人世。死無所憾。用是自決。臣宗元稽首拜手以聞曰。孰稱古初朴蒙空侗而無爭。厥流以訛。越乃奮敓鬬怒。振動專肆。爲淫威。曰是不知道。惟人之初。總總而生。林林而羣。雪霜風雨雷雹暴其外。於是乃知架巢空穴。挽草木。取皮革。饑渴牝牡之欲敺其內。於是乃噬禽獸。咀果穀。合偶而居。交焉而爭。睽焉而鬬。力大者搏。齒利者齧。爪剛者決。羣衆者軋。兵良者殺。披披藉藉。草野塗血。然後彊有力者出而治之。往往爲曹於險阻。用號令起而君臣什伍之法立。德紹者嗣。道怠者奪。於是有聖人焉曰黃帝。游其兵車。交貫乎其內。一統類。齊制量。然猶大公之道不克建。於是有聖人焉曰堯。置州牧四岳。持而綱之。立有德有功有能者。參而維之。運臂率指。屈伸把握。莫不統率。年老舉聖人而禪焉。大公乃克建。由是觀之。厥初罔匪極亂。而後稍可爲也。而非德不樹。故仲尼敘書於堯曰。克明俊德。於舜曰。濬哲文明。於禹曰。文命祗承于帝。於湯曰。克寬克仁。章信兆民。於武王曰。有道曾孫。稽揆典誓。貞哉惟茲德。實受命之符。以奠永祀。後之祆淫囂昏好怪之徒。乃始陳大電大虹玄鳥巨跡白狼白魚流火之烏以爲符。斯皆詭譎闊誕。其可羞也。莫知本於厥貞。漢用大度。克懷于有氓。登能庸賢。濯痍煦寒。以瘳以熙。茲其爲符也。而其妄臣。乃下取虺蛇。上引天光。推類號休。用夸誣于無知氓。增以騶虞神鼎。脅毆縱踴。俾東之泰山石閭。作大號。謂之封禪。皆尚書所無有。莽述承

效。卒奮驁逆。其後有賢帝曰光武。克綏天下。復承舊物。猶崇赤伏。以玷厥德。魏晉而下。尨亂鉤裂。厥符不貞。邦用不靖。亦罔克久。駁乎無以議爲也。積大亂至于隋氏。環四海以爲鼎。跨九垠以爲鑪。爨以毒燎。煽以虐焰。其人沸湧灼爛。號呼騰蹈。莫有救止。於是大聖乃起。丕降霖雨。濬滌盪沃。蒸爲清氛。疏爲泠風。人乃漻然休然。相晞以生。相持以成。相彌以寧。琢斮屠剔。膏流節離之禍不作。而人乃克完平舒愉。尸其肌膚。以達于夷途。焚坼抵掎。奔走轉死之害不起。而人乃克鳩類集族。歌舞悅懌。用祗于元德。徒奮袒呼。犒迎義旅。讙動六合。至于麾下。大盜豪據。阻命遏德。義威殄戮。咸墜厥緒。無劉于虐人。乃並受休嘉。去隋氏。克歸于唐。躑躅謳歌。灝灝和寧。帝庸威栗。惟人之爲。敬奠厥賦。積藏于下。是謂豐國。鄉爲義廩。斂發謹飭。歲丁大侵。人以有年。簡于厥刑。不殘而懲。是謂嚴威。小屬而支。大生而孳。愷悌祗敬。用底于治。凡其所欲。不謁而獲。凡其所惡。不祈而息。四夷稽服。不作兵革。不竭貨力。丕揚于後嗣。用垂于帝式。十聖濟厥治。孝仁平寬。惟祖之則。澤久而逾深。仁增而益高。人之戴唐。永永無窮。是故受命不于天。于其人。休符不于祥。于其仁。惟人之仁。匪祥于天。匪祥于天。茲爲貞符哉。未有喪仁而久者也。未有恃祥而壽者也。商之王以桑穀昌。以雉雊大。宋之君以法星壽。鄭以龍衰。魯以麟弱。白雉亡漢。黃犀死莽。惡在其爲符也。不勝唐德之代。光紹明濬。深鴻尨大。保人斯無疆。宜薦于郊廟。文之雅詩。祗告于德之休。帝曰諶哉。乃黜休祥之奏。究貞符之奧。思德之所未大。求

仁之所未備。以極于邦治。以敬于人事。其詩曰。於穆敬德。黎人皇之。惟貞厥符。浩浩將之。仁函于膚。刃莫畢屠。澤熯于爨。灊炎以澣。勳厥凶德。乃敺乃夷。懿其休風。是煦是吹。父子熙熙。相寧以嬉。賦徹而藏。厚我糗粻。刑輕以清。我完靡傷。貽我子孫。百代是康。十聖嗣于治。仁后之子。子思孝父。易患于己。拱之戴之。神其爾宜。載揚于雅。承天之嘏。天之誠神。宜鑒于仁。神之曷依。宜仁之歸。濮鉛于北。祝栗于南。幅員西東。祗一乃心。祝唐之紀。後天罔墜。祝皇之壽。與地咸久。曷徒祝之。心誠篤之。神協人同。道以告之。俾彌億萬年。不震不危。我代之延。永永毗之。仁增以崇。曷不爾思。有號于天。僉曰嗚呼。咨爾皇靈。無替厥符。宗元不得召。內閔悼悔。念往吝。作賦自儆曰。懲咎衍以本始兮。孰非余心之所求。處卑汙以閔世兮。固前志之爲尤。始余學而觀古兮。怪今昔之異謀。惟聰明爲可考兮。追駿步而遐游。絜誠之既信直兮。仁友藹而萃之。日施陳以繫縻兮。邀堯舜與之爲一。睢盱而混茫兮。下駁詭而懷私。旁羅列以交貫兮。求大中之所宜。曰道有象兮而無其形。推變乘時兮。與志相迎。不及則殆兮。過則失貞。謹守而中兮。與時偕行。萬類芸芸兮。率由以寧。剛柔弛張兮。出入綸經。登能抑枉兮。白黑濁清。蹈乎大方兮。物莫能嬰。奉訏謨以植內兮。欣余志之有獲。再明信乎策書兮。謂耿然而不惑。愚者果於自用兮。惟懼夫誠之不一。不顧慮以周圖兮。專茲道以爲服。讒妬搆而不戒兮。猶斷斷於所執。哀吾黨之不淑兮。遭任遇之卒迫。勢危疑而多詐兮。逢天地之否隔。欲圖遠而保己兮。悼乖期

乎曩昔。欲操術以致忠兮。衆呀然而互嚇。進與退吾無歸兮。甘脂潤兮鼎鑊。幸皇鑒之明宥兮。纍郡印而南適。惟罪大而寵厚兮。宜夫重仍乎禍謫。既明懼乎天討兮。又幽慄乎鬼責。惶惶乎夜寤而晝駭兮。類麏麚之不息。淩洞庭之洋洋兮。泝湘流之沄沄。飄風擊以揚波兮。舟摧抑而迴邅。日霾曀以昧幽兮。黝雲涌而上屯。暮屑窣以淫雨兮。聽嗷嗷之哀猿。衆鳥萃而啾號兮。沸洲渚以連山。漂遙逐其詎止兮。逝莫屬余之形魂。攢巒奔以紆委兮。束洶涌之崩湍。畔尺進而尋退兮。盪洄汨乎淪漣。際窮冬而止居兮。羈纍棼以縈纏。哀吾生之孔艱兮。循凱風之悲詩。罪通天而降酷兮。不亟死而生爲。逾再歲之寒暑兮。猶貿貿而自持。將沈淵而隕命兮。詎蔽罪以塞禍。惟滅身而無後兮。顧前志猶未可。進路呀以劃絕兮。退伏匿又不果。爲孤囚以終世兮。長拘攣而轗軻。曩余志之脩蹇兮。今何爲此戾也。豈貪食而盜名兮。不混同於世也。將顯身以直遂兮。衆之所宜蔽也。不擇言以危肆兮。固羣禍之際也。御長轅之無橈兮。行九折之峨峨。卻驚棹以橫江兮。泝淩天之騰波。幸余死之已緩兮。完形軀之既多。苟餘齒之有懲兮。蹈前烈而不頗。死蠻夷固吾所兮。雖顯寵其焉加。配大中以爲偶兮。諒天命之謂何。元和十年。徙柳州刺史。時劉禹錫得播州。宗元曰。播非人所居。而禹錫親在堂。吾不忍其窮。無辭以白其大人。如不往。便爲母子永決。即具奏欲以柳州授禹錫。而自往播。會大臣亦爲禹錫請。因改連州。柳人以男女質錢。過期不贖。子本均則沒爲奴婢。宗元設方計。悉贖歸之。尤貧者。令書庸視直足相當還其質。已沒者。出己錢助贖。南方爲進士者。走數千里從宗元游。經指授者。爲文辭皆有法。世號柳柳州。十四年卒。年四十七。宗元少時嗜進。謂功業可就。既坐廢。遂不振。然其才實高。名蓋一時。韓愈評其文曰。雄深雅健。似司馬子長。崔蔡不足多也。既沒。柳人懷之。託言降于州之堂。人有慢者輒死。廟於羅池。愈因碑以實之云。（唐書柳宗元傳）

歐陽文忠像

歐陽修傳

歐陽修。字永叔。廬陵人。四歲而孤。母鄭。守節自誓。親誨之學。家貧。至以荻畫地學書。幼敏悟過人。讀書輒成誦。及冠。嶷然有聲。宋興且百年。而文章體裁。猶仍五季餘習。鎪刻駢偶。淟涊弗振。士因陋守舊。論卑氣弱。蘇舜元、舜欽、柳開、穆修輩。咸有意作而張之。而力不足。修游隨。得唐韓愈遺藁於廢書簏中。讀而心慕焉。苦志探賾。至忘寢食。必欲并轡絶馳而追與之並。舉進士試南宮第一。擢甲科。調西京推官。始從尹洙游。爲古文。議論當世事。迭相師友。與梅堯臣游。爲歌詩相倡和。遂以文章名冠天下。入朝爲館閣校勘。范仲淹以言事貶。在廷多論救。司諫高若訥獨以爲當黜。修貽書責之。謂其不復知人間有羞恥事。若訥上其書。坐貶夷陵令。稍徙乾德令、武成節度判官。仲淹使陝西。辟掌書記。修笑而辭曰。昔者之舉。豈以爲己利哉。同其退不同其進可也。久之。復校勘。進集賢校理。慶曆三年。知諫院。時仁宗更用大臣。杜衍、富弼、韓琦、范仲淹皆在位。增諫官員。用天下名士。修首在選中。每進見。帝延問執政。咨所宜行。既多所張弛。小人翕翕不便。修慮善人必不勝。數爲帝分別言之。初范仲淹之貶饒州也。修與尹洙、余靖皆以直仲淹見逐。目之曰黨人。自是朋黨之論起。修乃爲朋黨論以進。其略曰。君子以同道爲朋。小人以同利爲朋。此自然之理也。臣謂小人無朋。惟君子則有之。小人所好者利祿。所貪者財貨。當其同利之時。暫相黨

引以爲朋者僞也。及其見利而爭先。或利盡而反相賊害。雖兄弟親戚不能相保。故曰小人無朋。君子則不然。所守者道義。所行者忠信。所惜者名節。以之脩身則同道而相益。以之事國則同心而共濟。終始如一。故曰惟君子則有朋。紂有臣億萬。惟億萬心。可謂無朋矣。而紂用以亡。武王有臣三千。惟一心。可謂大朋矣。而周用以興。蓋君子之朋雖多而不厭故也。故爲君但當退小人之僞朋。用君子之眞朋。則天下治矣。脩論事切直。人視之如讎。帝獨奬其敢言。面賜五品服。顧侍臣曰。如歐陽脩者何處得來。同脩起居注。遂知制誥。故事必試而后命。帝知脩。詔特除之。奉使河東。自西方用兵。議者欲廢麟州以省餽餉。脩曰。麟州天險。不可廢。廢之則河內郡縣民皆不安居矣。不若分其兵駐並河內諸堡。緩急得以應援。而平時可省轉輸。於策爲便。由是州得存。又言忻代岢嵐多禁地廢田。願令民得耕之。不然。將爲敵有。朝廷下其議。久乃行。歲得粟數百萬斛。凡河東賦斂過重民所不堪者。奏罷十數事。使還。會保州兵亂。以爲龍圖閣直學士河北都轉運使。陛辭。帝曰。勿爲久留計。有所欲言。言之。對曰。臣在諫職得論事。今越職而言。罪也。帝曰。第言之。毋以中外爲閒。賊平。大將李昭亮通判馮博文私納婦女。脩捕博文繫獄。昭亮懼。立出所納婦。兵之始亂也。招以不死。既而皆殺之。脅從二千人。分隸諸郡。富弼爲宣撫使。恐後生變。將使同日誅之。與脩遇於內黃。夜半屛人告之故。脩曰。禍莫大於殺已降。況脅從乎。既非朝命。脫一郡不從。爲變不細。弼悟而止。方是時。杜衍等相繼以黨

議罷去。脩慨然上疏曰。杜衍韓琦范仲淹富弼。天下皆知其有可用之賢。而不聞其有可罷之罪。自古小人讒害忠賢。其說不遠。欲廣陷良善。不過指爲朋黨。欲動搖大臣。必須誣以顓權。其故何也。去一善人而衆善人尙在。則未爲小人之利。欲盡去之。則善人少過。難爲一一求瑕。唯指以爲黨。則可一時盡逐。至如自古大臣已被主知而蒙信任。則難以他事動搖。唯有顓權。是上之所惡。必須此說。方可傾之。正士在朝。羣邪所忌。謀臣不用。敵國之福也。今此四人一旦罷去。而使羣邪相賀於內。四夷相賀於外。臣爲朝廷惜之。於是邪黨益忌脩。因其孤甥張氏獄傅致以罪。左遷知制誥知滁州。居二年。徙揚州潁州。復學士。留守南京。以母憂去。服除。召判流內銓。時在外十二年矣。帝見其髮白。問勞甚至。小人畏脩復用。有詐爲脩奏乞澄汰內侍爲姦利者。其羣皆怨怒譖之。出知同州。帝納吳充言而止。遷翰林學士。俾脩唐書。奉使契丹。其主命貴臣四人押宴。曰此非常制。以卿名重故爾。知嘉祐二年貢舉。時士子尙爲險怪奇澀之文。號太學體。脩痛排抑之。凡如是者輒黜。畢事。向之囂薄者伺脩出。聚譟於馬首。街邏不能制。然場屋之習。從是遂變。加龍圖閣學士。知開封府。承包拯威嚴之後。簡易循理。不求赫赫名。京師亦治。旬月。改羣牧使。唐書成。拜禮部侍郎兼翰林侍讀學士。脩在翰林八年。知無不言。河決商胡。北京留守賈昌朝欲開橫壠故道。回河使東流。有李仲昌者。欲導入六塔河。議者莫知所從。脩以爲河水重濁。理無不淤。下流既淤。上流必決。以近事驗之。決河非不能力

塞。故道非不能力復。但勢不能久耳。横壠功大難成。雖成將復決。六塔狹小。而以全河注之。濱棣德博。必被其害。不若因水所趨。增堤峻防。疏其下流。縱使入海。此數十年之利也。宰相陳執中主昌朝。文彥博主仲昌。竟爲河北患。臺諫論執中過惡。而執中猶遷延固位。脩上疏。以爲陛下拒忠言。庇愚相。爲聖德之累。未幾。執中罷。狄青爲樞密使。有威名。帝不豫。訛言籍籍。脩請出之於外。以保其終。遂罷知陳州。脩嘗因水災上疏曰。陛下臨御三紀。而儲宮未建。昔漢文帝初即位。以羣臣之言。即立太子。而享國長久。爲漢太宗。唐明宗惡人言儲嗣事。不肯早定。致秦王之亂。宗社遂覆。陛下何疑而久不定乎。其後建立英宗。蓋原於此。五年。拜樞密副使。六年。參知政事。脩在兵府。與曾公亮考天下兵數。及三路屯戍多少。地理遠近。更爲圖籍。凡邊防久缺屯戍者。必加蒐補。其在政府。與韓琦同心輔政。凡兵民官吏財利之要。中書所當知者。集爲總目。遇事不復求之有司。時東宮猶未定。與韓琦等協定大議。語在琦傳。英宗以疾未親政。皇太后垂簾。左右交搆。幾成嫌隙。韓琦奏事。太后泣語之故。琦以常疾爲解。太后意不釋。脩進曰。太后事仁宗數十年。仁德著於天下。昔溫成之寵。太后處之裕如。今母子之間。反不能容邪。太后意稍和。脩復曰。仁宗在位久。德澤在人。故一日晏駕。天下奉戴嗣君。無一人敢異同者。今太后一婦人。臣等五六書生耳。非仁宗遺意。天下誰肯聽從。太后默然。久之而罷。脩平生與人盡言無所隱。及執政。士大夫有所干請。輒面諭可否。雖臺諫官論事。亦必以是非詰之。以是怨誹益衆。帝將追崇濮王。命有司議。皆謂當稱皇伯。改封大國。脩引喪服記。以爲爲人後者。爲其父母服降三年爲期。而不沒父母之名。以見服可降。而名不可沒也。若本生之親。改稱皇伯。歷考前世。皆無典據。進封大國。則又禮無加爵之道。故中書之議。不與衆同。太后出手書。許帝稱親。尊王爲皇。王夫人爲后。帝不敢當。於是御史呂誨等。詆脩主此議。爭論不已。皆被逐。惟蔣之奇之說合脩意。脩薦爲御史。衆目爲姦邪。之奇患之。則思所以自解。脩婦弟薛宗孺有憾於脩。造帷薄不根之謗摧辱之。展轉達於中丞彭思永。思永以告之奇。之奇即上章劾脩。神宗初即位。欲深護脩。訪故宮臣孫思恭。思恭爲辨釋。脩杜門。請推治。帝使詰思永之奇。問所從來。辭窮。皆坐黜。脩亦力求退。罷爲觀文殿學士刑部尚書。知亳州。明年。遷兵部尚書。知青州。改宣徽南院使。判太原府。辭不拜。徙蔡州。脩以風節自持。既數被汙衊。年六十。即連乞謝事。帝輒優詔弗許。及守青州。又以請止散青苗錢。爲安石所詆。故求歸愈切。熙寧四年。以太子少師致仕。五年卒。贈太子太師。謚曰文忠。脩始在滁州。號醉翁。晚更號六一居士。天資剛勁。見義勇爲。雖機穽在前。觸發之不顧。放逐流離。至于再三。志氣自若也。方貶夷陵時。無以自遣。因取舊案反覆觀之。見其枉直乖錯。不可勝數。於是仰天歎曰。以荒遠小邑且如此。天下固可知。自爾遇事。不敢忽也。學者求見。所與言未嘗及文章。惟談吏事。謂文章止於潤身。政事可以及物。凡歷數郡。不見治跡。不求聲譽。寬簡而不擾。故所至民便之。或問爲政寬

簡。而事不弛廢。何也。曰。以縱爲寬。以略爲簡。則政事弛廢。而民受其弊。吾所謂寬者。不爲苛急。簡者。不爲繁碎耳。脩幼失父。母嘗謂曰。汝父爲吏。常夜燭治官書。屢廢而歎。吾問之。則曰。死獄也。我求其生不得爾。吾曰。生可求乎。曰。求其生而不得。則死者與我皆無恨。夫常求其生。猶失之死。而世常求其死也。其平居教他子弟。常用此語。吾耳熟焉。脩聞而服之。終身爲文。天才自然。豐約中度。其言簡而明。信而通。引物連類。折之於至理。以服人心。超然獨騖。衆莫能及。故天下翕然師尊之。奬引後進。如恐不及。賞識之下。率爲聞人。曾鞏王安石蘇洵。洵子軾轍。布衣屏處。未爲人知。脩卽游其聲譽。謂必顯於世。篤於朋友。生則振掖之。死則調護其家。好古嗜學。凡周漢以降金石遺文。斷編殘簡。一切掇拾。研稽異同。立說於左。的的可表證。謂之集古錄。奉詔脩唐書紀志表。自撰五代史記。法嚴詞約。多取春秋遺旨。蘇軾敘其文曰。論大道似韓愈。論事似陸贄。記事似司馬遷。詩賦似李白。識者以爲知言。

論曰。三代而降。薄乎秦漢。文章雖與時盛衰。而藹如其言。曄如其光。皦如其音。蓋均有先王之遺烈。涉晉魏而弊。至唐韓愈氏振起之。唐之文涉五季而弊。至宋歐陽脩又振起之。挽百川之頹波。息千古之邪說。使斯文之正氣。可以羽翼大道。扶持人心。此兩人之力也。愈不獲用。脩用矣。亦弗克究其所爲。可爲世道惜也哉。（宋史歐陽脩傳）

曾文定像

曾鞏傳

曾鞏。字子固。建昌南豐人。生而警敏。讀書數百言。脫口輒誦。年十二。試作六論。援筆而成。辭甚偉。甫冠。名聞四方。歐陽脩見其文奇之。中嘉祐二年進士第。調太平州司法參軍。召編校史館書籍。遷館閣校勘。集賢校理。爲實錄檢討官。出通判越州。州舊取酒場錢給募牙前錢。不足賦諸鄉戶。期七年。止期盡。募者志於多入。猶責賦如初。鞏訪得其狀。立罷之。歲饑。度常平不足贍。而田野之民不能皆至城邑。諭告屬縣。諷富人自實粟。總十五萬石。視常平價稍增以予民。民得從便受粟。不出田里而食有餘。又貸之種糧。使隨秋賦以償。農事不乏。知齊州。其治以疾姦急盜爲本。曲堤周氏。擁貲雄里中。子高橫縱賊良民。汙婦女。服器上僭。力能動權豪。州縣吏莫敢詰。鞏取寘於法。章邱民聚黨村落間。號霸王社。椎剽奪囚。無不如志。鞏配三十一人。又屬民爲保伍。使譏察其出入。有盜則鳴鼓相援。每發輒得盜。有葛友者。名在捕中。一日。自出首。鞏飲食冠裳之。假以騎從。輦所購金帛隨之。夸徇四境。盜聞。多出自首。鞏外視章顯。實欲攜貳其徒。使之不能復合也。自是外戶不閉。河北發民濬河。調及它路。齊當給夫二萬。縣初按籍三丁出夫一。鞏括其隱漏。至於九而取一。省費數倍。又弛無名渡錢。爲橋。以濟往來。徙傳舍。自長清抵博州。以達于魏。凡省六驛。人皆以爲利。徙襄州洪州。會江西歲大疫。鞏命縣鎮亭傳。悉儲藥待求。軍民不能自養者。

來食息宮舍。資其食飲衣衾之具。分醫視診。書其全失多寡爲殿最。師征安南。所過州爲萬人備。他吏暴誅亟斂。民不堪。鞏先期區處。猝集師去。市里不知。加直龍圖閣。知福州。劍將樂盜廖恩既赦罪出降。餘衆潰復合。陰相結附。旁連數州。尤桀者呼之不至。居人惛恐。鞏以計羅致之。繼自歸者二百輩。福多佛寺僧剎。其富饒爭欲爲主守。賕請公行。鞏俾其徒相推擇。識諸籍。以次補之。授帖於府庭。却其私謝。以絕左右徼求之弊。福州無職田。歲鬻園蔬。收其直自入。常三四十萬。鞏曰。太守與民爭利可乎。罷之。後至者。亦不復取也。徙明亳滄三州。鞏負才名。久外徙。世頗謂偃蹇不偶。一時後生輩鋒出。鞏視之。泊如也。過闕。神宗召見。勞問甚寵。遂留判三班院。上疏議經費。帝曰。鞏以節用爲理財之要。世之言理財者。未有及此。帝以三朝兩朝國史。各自爲書。將合而爲一。加鞏史館脩撰專典之。不以大臣監總。既而不克成。會官制行。拜中書舍人。時自三省百職事。選授一新。除書日至十數人。人舉其職。於訓辭典約而盡。尋掌延安郡王牋奏。故事。命翰林學士。至是特屬之。甫數月。丁母艱去。又數月而卒。年六十五。鞏性孝友。父亡。奉繼母益至。撫四弟九妹於委廢單弱之中。宦學婚嫁。一出其力。爲文章上下馳騁。愈出而愈工。本原六經。斟酌於司馬遷韓愈。一時工作文詞者。鮮能過也。少與王安石游。安石聲譽未振。鞏導之於歐陽脩。及安石得志。遂與之異。神宗嘗問安石何如人。對曰。安石文學行義。不減揚雄。以吝故不及。帝曰。安石輕富貴。何吝也。曰。臣所謂吝者。謂其勇於有爲。吝於改過耳。帝然之。呂公著嘗告神宗。以鞏爲人。行義不如政事。政事不如文章。以是不大用云。弟布。自有傳。幼弟肇。

論曰。曾鞏立言於歐陽脩王安石間。紆徐而不煩。簡奧而不晦。卓然自成一家。可謂難矣。（宋史曾鞏傳）

李太白象

李白傳

李白。字太白。與聖皇帝九世孫。其先隋末。以罪徙西域。神龍初遁還。客巴西。白之生。母夢長庚星。因以命之。十歲通詩書。既長。隱岷山。州舉有道不應。蘇頲爲益州長史。見白異之。曰。是子天才奇特。少益以學。可比相如。然喜縱橫術。擊劍爲任俠。輕財重施。更客任城。與孔巢父韓準裴政張叔明陶沔居徂徠山。日沈飲。號竹溪六逸。天寶初。南入會稽。與吳筠善。筠被召。故白亦至長安。往見賀知章。知章見其文。歎曰。子謫仙人也。言於玄宗。召見金鑾殿。論當世事。奏頌一篇。帝賜食。親爲調羹。有詔供奉翰林。白猶與飲徒醉于市。帝坐沈香亭子。意有所感。欲得白爲樂章。召入。而白已醉。左右以水頮面。稍解。援筆成文。婉麗精切。無留思。帝愛其才。數宴見。白嘗侍帝。醉。使高力士脫鞾。力士素貴。恥之。擿其詩以激楊貴妃。帝欲官白。妃輒沮止。白自知不爲親近所容。益驁放不自脩。與知章李適之汝陽王璡崔宗之蘇晉張旭焦遂爲酒八仙人。懇求還山。帝賜金放還。白浮游四方。嘗乘舟與崔宗之自采石至金陵。著宮錦袍坐舟中。旁若無人。安祿山反。轉側宿松匡廬間。永王璘辟爲府僚佐。璘起兵。逃還彭澤。璘敗當誅。初白游并州。見郭子儀奇之。子儀嘗犯法。白爲救免。至是子儀請解官以贖。有詔長流夜郎。會赦還尋陽。坐事下獄。時宋若思將吳兵三千赴河南。道尋陽。釋囚。辟爲參謀。未幾辭職。李陽冰爲當塗令。白依之。代宗立。以左拾遺召。

而白已卒。年六十餘。白晚好黃老。度牛渚磯至姑孰。悅謝家青山。欲終焉。及卒。葬東麓。元和末。宣歙觀察使范傳正祭其冢。禁樵採。訪後裔。惟二孫女。嫁爲民妻。進止仍有風範。因泣曰。先祖志在青山。頃葬東麓。非本意。傳正爲改葬。立二碑焉。告二女。將改妻士族。辭以孤窮失身。命也。不願更嫁。傳正嘉歎。復其夫繇役。文宗時。詔以白歌詩。裴旻劍舞。張旭草書爲三絕。

（唐書李白傳）

杜拾遺像

蔡冠洛敬摹

杜甫傳

杜甫。字子美。少貧。不自振。客吳越齊趙間。李邕奇其材。先往見之。舉進士。不中第。困長安。天寶十三載、玄宗朝獻太淸宮。饗廟及郊。甫奏賦三篇。帝奇之。使待制集賢院。命宰相試文章。擢河西尉。不拜。改右衛率府胄曹參軍。數上賦頌。因高自稱道。且言先臣恕預以來。承儒守官十一世。迨審言以文章顯中宗時。臣賴緒業。自七歲屬辭。且四十年。然衣不蓋體。常寄食於人。竊恐轉死溝壑。伏惟天子哀憐之。若令執先臣故事。拔泥塗之久辱。則臣之述作。雖不足鼓吹六經。至沈鬱頓挫。隨時敏給。揚雄枚臯可企及也。有臣如此。陛下其忍棄之。會祿山亂。天子入蜀。甫避走三川。肅宗立。自鄜州羸服欲奔行在。爲賊所得。至德二年。亡走鳳翔。上謁。拜右拾遺。與房琯爲布衣交。琯時敗陳濤斜。又以客董廷蘭。罷宰相。甫上疏言。罪細不宜免大臣。帝怒。詔三司雜問。宰相張鎬曰。甫若抵罪。絕言者路。帝乃解。甫謝。且稱琯宰相子。少自樹立。爲醇儒。有大臣體。時論許琯才堪公輔。陛下果委而相之。觀其深念主憂。義形於色。然性失於簡。酷嗜鼓琴。廷蘭託琯門下。貧疾昏老。依倚爲非。琯愛惜人情。一至玷汙。臣歎其功名未就。志氣挫衂。覬陛下棄細錄大。所以冒死稱述。涉近訐激。違忤聖心。陛下赦臣百死。再賜骸骨。天下之幸。非臣獨蒙。然帝自是不甚省錄。時所在寇奪。甫家寓鄜。彌年艱窶。孺弱至餓死。因許甫自往省視。從還京師。出爲華州司功參

軍。關輔饑。輒棄官去。客秦州。負薪採橡栗自給。流落劍南。結廬成都西郭。召補京兆功曹參軍。不至。會嚴武節度劍南東西川。往依焉。武再帥劍南。表爲參謀。檢校工部員外郎。武以世舊。待甫甚善。親至其家。甫見之。或時不巾。而性褊躁傲誕。嘗醉登武牀。瞪視曰。嚴挺之乃有此兒。武亦暴猛。外若不爲忤。中銜之。一日欲殺甫及梓州刺史章彝。集吏於門。武將出。冠鈎于簾三。左右白其母奔救。得止。獨殺彝。武卒。崔旰等亂。甫往來梓夔間。大曆中。出瞿塘。下江陵。泝沅湘以登衡山。因客耒陽。游嶽祠。大水遽至。涉旬不得食。縣令具舟迎之。乃得還。令嘗饋牛炙白酒。大醉。一昔卒。年五十九。甫曠放不自檢。好論天下大事。高而不切。少與李白齊名。時號李杜。嘗從白及高適過汴州。酒酣登吹臺。慷慨懷古。人莫測也。數嘗寇亂。挺節無所汙。爲歌詩。傷時橈弱。情不忘君。人憐其忠云。

贊曰。唐興。詩人承陳隋風流。浮靡相矜。至宋之問沈佺期等。研揣聲音。浮切不差而號律詩。競相襲沿。逮開元間。稍裁以雅正。然恃華者質反。好麗者壯違。人得一槩。皆自名所長。至甫渾涵汪茫。千彙萬狀。兼古今而有之。它人不足。甫乃厭餘。殘膏賸馥。沾匄後人多矣。故元稹謂詩人以來。未有如子美者。甫又善陳時事。律切精深。至千言不少衰。世號詩史。昌黎韓愈於文章慎許可。至歌詩。獨推曰。李杜文章在。光燄萬丈長。誠可信云。（唐書杜甫傳）

蘇文忠像

山陰田康濟敬摹

蘇軾傳

蘇軾。字子瞻。眉州眉山人。生十年。父洵游學四方。母程氏。親授以書。聞古今成敗。輒能語其要。程氏讀東漢范滂傳。慨然太息。軾請曰。軾若爲滂。母許之否乎。程氏曰。汝能爲滂。吾顧不能爲滂母邪。比冠。博通經史。屬文日數千言。好賈誼陸贄書。既而讀莊子。歎曰。吾昔有見。口未能言。今見是書。得吾心矣。嘉祐二年。試禮部。方時文磔裂詭異之弊勝。主司歐陽脩思有以救之。得軾刑賞忠厚論。驚喜。欲擢冠多士。猶疑其客曾鞏所爲。但寘第二。復以春秋對義。居第一。殿試中乙科。後以書見脩。脩語梅聖俞曰。吾當避此人。出一頭地。聞者始譁不厭。久乃信服。丁母憂。五年。調福昌主簿。歐陽脩以才識兼茂。薦之秘閣。試六論。舊不起草。以故文多不工。軾始具草。文義粲然。復對制策。入三等。自宋初以來。制策入三等。惟吳育與軾而已。除大理評事。簽書鳳翔府判官。關中自元昊叛。民貧役重。岐下歲輸南山木栰。自渭入河。經砥柱之險。衙吏踵破家。軾訪其利害。爲脩衙規。使自擇水工。以時進止。自是害減半。治平二年。入判登聞鼓院。英宗自藩邸聞其名。欲以唐故事召入翰林知制誥。宰相韓琦曰。軾之才。遠大器也。他日自當爲天下用。要在朝廷培養之。使天下之士莫不畏慕降伏。皆欲朝廷進用。然後取而用之。則人人無復異辭矣。今驟用之。則天下之士。未必以爲然。適足以累之也。英宗曰。且與脩注如何。琦曰。記注與制誥爲鄰。未可遽

授。不若於館閣中近上帖職與之。且請召試。英宗曰。試之。未知其能否。如
軾有不能邪。琦猶不可。及試二論。復入三等。得直史館。軾聞琦語曰。公可
謂愛人以德矣。會洵卒。賻以金帛。辭之。求贈一官。於是贈光祿丞。洵將終。
以兄太白早亡。子孫未立。妹嫁杜氏卒。未葬。屬軾。軾既除喪。即葬姑。後官
可蔭。推與太白曾孫彭。熙寧二年還朝。王安石執政。素惡其議論異己。以
判官告院。四年。安石欲變科舉。興學校。詔兩制三館議。軾上議曰。得人之
道。在於知人。知人之法。在於責實。使君相有知人之明。朝廷有責實之政。
則胥史皁隸。未嘗無人。而況於學校貢舉乎。雖因今之法。臣以爲有餘。使
君相不知人。朝廷不責實。則公卿侍從。常患無人。而況學校貢舉乎。雖復
古之制。臣以爲不足。夫時有可否。物有廢興。方其所安。雖暴君不能廢。及
其既厭。雖聖人不能復。故風俗之變。法制隨之。譬如江河之徙移。彊而復
之。則難爲力。慶曆固嘗立學矣。至于今日。惟有空名僅存。今將變今之禮。
易今之俗。又當發民力以治官室。斂民財以食游士。百里之內。置官立師。
獄訟聽于是。軍旅謀于是。又簡不率教者。屛之遠方。則無乃徒爲紛亂。以
患苦天下邪。若乃無大更革。而望有益於時。則與慶曆之際何異。故臣謂
今之學校。特可因仍舊制。使先王之舊物。不廢於吾世足矣。至於貢舉之
法。行之百年。治亂盛衰。初不由此。陛下視祖宗之世貢舉之法。與今爲孰
精。言語文章。與今爲孰優。所得人才。與今爲孰多。天下之士。與今爲孰辨。
較此四者之長短。其議決矣。今所欲變改。不過數端。或曰。鄉舉德行而略

文詞。或曰。專取策論而罷詩賦。或欲兼采譽望而罷彌封。或欲經生不帖
墨而考大義。此皆知其一不知其二者也。願陛下留意於遠者大者。區區
之法何預焉。臣又切有私憂過計者。夫性命之說。自子貢不得聞。而今之
學者。恥不言性命。讀其文。浩然無當而不可窮。觀其貌。超然無著而不可
挹。此豈眞能然哉。蓋中人之性。安於放而樂於誕耳。陛下亦安用之。議上。
神宗悟。曰。吾固疑此。得軾議。意釋然矣。即日召見。問方今政令得失安在。
雖朕過失。指陳可也。對曰。陛下生知之性。天縱文武。不患不明。不患不勤。
不患不斷。但患求治太急。聽言太廣。進人太銳。願鎭以安靜。待物之來。然
後應之。神宗悚然曰。卿三言。朕當熟思之。凡在館閣。皆當爲朕深思治亂。
無有所隱。軾退言於同列。安石不悅。命權開封府推官。將困之以事。軾決
斷精敏。聲聞益遠。會上元。敕府市浙燈。且令損價。軾疏言。陛下豈以燈爲
悅。此不過以奉二宮之歡耳。然百姓不可戶曉。皆謂以耳目不急之玩。奪
其口體必用之資。此事至小。體則甚大。願追還前命。即詔罷之。時安石創
行新法。軾上書論其不便。曰。臣之所欲言者三言而已。願陛下結人心。厚
風俗。存紀綱。人主之所恃者。人心而已。如木之有根。燈之有膏。魚之有水。
農夫之有田。商賈之有財。失之則亡。此理之必然也。自古及今。未有和易
同衆而不安。剛果自用而不危者。陛下亦知人心之不悅矣。祖宗以來。治
財用者不過三司。今陛下不以財用付三司。無故又創制置三司條例一
司。使六七少年。日夜講求於內。使者四十餘輩。分行營幹於外。夫制置三

司條例司。求利之名也。六七少年與使者四十餘輩。求利之器也。造端宏大。民實驚疑。創法新奇。吏皆惶惑。以萬乘之主而言利。以天子之宰而治財。論說百端。喧傳萬口。然而莫之顧者。徒曰。我無其事。何恤於人言。操網罟而入江海。語人曰。我非漁也。不如捐網罟而人自信。驅鷹犬而赴林藪。語人曰。我非獵也。不如放鷹犬而獸自馴。故臣以爲欲消讒慝而召和氣。則莫若罷條例司。今君臣宵旰。幾一年矣。而富國之功。茫如捕風。徒聞內帑出數百萬緡。祠部度五千餘人耳。以此爲術。其誰不能。而所行之事。道路皆知其難。汴水濁流。自生民以來。不以種稻。今欲陂而清之。萬頃之稻。必用千頃之陂。一歲一淤。三歲而滿矣。陛下遂信其說。即使相視地形。所在鑿空。訪尋水利。妄庸輕剽。率意爭言。官司雖知其疏。不敢便行抑退。追集老少。相視可否。若非灼然難行。必須且爲興役。官吏苟且順從。真謂陛下有意興作。上糜帑廩。下奪農時。隄防一開。水失故道。雖食議者之肉。何補於民。臣不知朝廷何苦而爲此哉。自古役人必用鄉戶。今者徒聞江淛之間。數郡顧役。而欲措之天下。單丁女戶。蓋天民之窮者也。而陛下首欲役之。富有四海。忍不加恤。自楊炎爲兩稅。租調與庸既兼之矣。奈何復欲取庸。萬一後世不幸有聚斂之臣。庸錢不除。差役仍舊。推所從來。則必有任其咎者矣。青苗放錢。自昔有禁。今陛下始立成法。每歲常行。雖云不許抑配。而數世之後。暴君汙吏。陛下能保之與。計願請之戶。必皆孤貧不濟之人。鞭撻已急。則繼之逃亡。不還則均及鄰保。勢有必至。異日天下恨之。

國史記之。曰青苗錢。自陛下始。豈不惜哉。且常平之法。可謂至矣。今欲變爲青苗。壞彼成此。所喪逾多。虧官害民。雖悔何及。昔漢武以財力匱竭。用賈人桑羊之說。買賤賣貴。謂之均輸。于時商賈不行。盜賊滋熾。幾至於亂。孝昭既立。霍光順民所欲而與之。天下歸心。遂以無事。不意今日此論復興。立法之初。其費已厚。縱使薄有所獲。而征商之額。所損必多。譬之有人爲其主畜牧。以一牛易五羊。一牛之失。則隱而不言。五羊之獲。則指爲勞績。今壞常平而言青苗之功。虧商稅而取均輸之利。何以異此。臣竊以爲過矣。議者必謂民可與樂成。難與慮始。故陛下堅執不顧。期於必行。此乃戰國貪功之人。行險僥倖之說。未及樂成。而怨已起矣。臣之所願陛下結人心者此也。國家之所以存亡者。在道德之淺深。不在乎強與弱。曆數之所以長短者。在風俗之薄厚。不在乎富與貧。人主如此。則知所輕重矣。故臣願陛下務崇道德而厚風俗。不願陛下急於有功而貪富強。愛惜風俗。如護元氣。聖人非不知深刻之法。可以齊衆。勇悍之夫。可以集事。忠厚近於迂闊。老成初若遲鈍。然終不肯以彼易此者。知其所得小。而所喪大也。仁祖持法至寬。用人有敘。專務掩覆過失。未嘗輕改舊章。考其成功。則曰未至。以言乎用兵。則十出而九敗。以言乎府庫。則僅足而無餘。徒以德澤在人。風俗知義。故升遐之日。天下歸仁焉。議者見其末年吏多因循。事不振舉。乃欲矯之以苛察。齊之以智能。招來新進勇銳之人。以圖一切速成之效。未享其利。澆風已成。多開驟進之門。使有意外之得。公卿侍從。跬步

可圖。俾常調之人。舉生非望。欲望風俗之厚。豈可得哉。近歲樸拙之人愈少。巧進之士益多。惟陛下哀之救之。以簡易爲法。以清淨爲心。而民德歸厚。臣之所願。陛下厚風俗者此也。祖宗委任臺諫。未嘗罪一言者。縱有薄責。旋即超升。許以風聞而無官長。言及乘輿。則天子改容。事關廊廟。則宰相待罪。臺諫固未必皆賢。所言亦未必皆是。然須養其銳氣。而借之重權者。豈徒然哉。將以折姦臣之萌也。今法令嚴密。朝廷清明。所謂姦臣。萬無此理。然養貓以去鼠。不可以無鼠而養不捕之貓。畜狗以防盜。不可以無盜而畜不吠之狗。陛下得不上念祖宗設此官之意。下爲子孫萬世之防。臣聞長老之談。皆謂臺諫所言。常隨天下公議。公議所與。臺諫亦與之。公議所擊。臺諫亦擊之。今者物論沸騰。怨讟交至。公議所在。亦知之矣。臣恐自茲以往。習慣成風。盡爲執政私人。以致人主孤立。紀綱一廢。何事不生。臣之所願陛下存紀綱者此也。軾見安石贊神宗以獨斷專任。因試進士。發策以晉武平吳以獨斷而克。苻堅伐晉以獨斷而亡。齊桓專任管仲而霸。燕噲專任子之而敗。事同而功異爲問。安石滋怒。使御史謝景溫論奏其過。窮治無所得。軾遂請外。通判杭州。高麗入貢使者。發幣於官吏。書稱甲子。軾卻之曰。高麗於本朝稱臣。而不稟正朔。吾安敢受。使者易書稱熙寧。然後受之。時新政日下。軾於其間每因法以便民。民賴以安。徙知密州司農。行手實法。不時施行者。以違制論。軾謂提舉官曰。違制之坐。若自朝廷。誰敢不從。今出於司農。是擅造律也。提舉官驚曰。公姑徐之。未幾。朝廷知法害民。罷之。有盜竊發。安撫司遣三班使臣領悍卒來捕。卒凶暴恣行。至以禁物誣民。入其家。爭鬬殺人。且畏罪驚潰。將爲亂。民奔訴軾。軾投其書不視。曰。必不至此。散卒聞之。少安。徐使人招出戮之。徙知徐州。河決曹村。泛于梁山泊。溢于南清河。匯于城下。漲不時洩。城將敗。富民爭出避水。軾曰。富民出。民皆動搖。吾誰與守。吾在是。水決不能敗城。驅使復入。軾詣武衛營。呼卒長曰。河將害城。事急矣。雖禁軍且爲我盡力。卒長曰。太守猶不避塗潦。吾儕小人當效命。率其徒持畚鍤以出。築東南長堤。首起戲馬臺。尾屬于城。雨日夜不止。城不沈者三版。軾廬於其上。過家不入。使官吏分堵以守。卒全其城。復請調來歲夫。增築故城爲木岸。以虞水之再至。朝廷從之。徙知湖州。上表以謝。又以事不便民者不敢言。以詩託諷。庶有補於國。御史李定舒亶何正言摭其表語。並媒蘖所爲詩。以爲訕謗。逮赴臺獄。欲寘之死。鍛鍊久之。不決。神宗獨憐之。以黃州團練副使安置。軾與田父野老。相從溪山間。築室於東坡。自號東坡居士。三年。神宗數有意復用。輒爲當路者沮之。神宗嘗語宰相王珪蔡確曰。國史至重。可命蘇軾成之。珪有難色。神宗曰。軾不可。姑用曾鞏。鞏進太祖總論。神宗意不允。遂手札移軾汝州。有曰。蘇軾黜居思咎。閱歲滋深。人材實難。不忍終棄。軾未至汝。上書自言饑寒。有田在常。願得居之。朝奏入。夕報可。道過金陵。見王安石曰。大兵大獄。漢唐滅亡之兆。祖宗以仁厚治天下。正欲革此。今西方用兵。連年不解。東南數起大獄。公獨無一言以救之乎。安石曰。二事皆惠卿啓

之。安石在外。安敢言。軾曰。在朝則言。在外則不言。事君之常禮耳。上所以待公者非常禮。公所以待上者。豈可以常禮乎。安石厲聲曰。安石須說。又曰。出在安石口。入在子瞻耳。又曰。人須是知行一不義。殺一不辜。得天下弗爲乃可。軾戲曰。今之君子。爭減半年磨勘。雖殺人亦爲之。安石笑而不言。至常。神宗崩。哲宗立。復朝奉郎。知登州。召爲禮部郎中。軾舊善司馬光章惇。時光爲門下侍郎。惇知樞密院。二人不相合。惇每以謔侮困光。光苦之。軾謂惇曰。司馬君實時望甚重。昔許靖以虛名無實。見鄙於蜀先主。法正曰。靖之浮譽。播流四海。若不加禮。必以賤賢爲累。先主納之。乃以靖爲司徒。許靖且不可慢。況君實乎。惇以爲然。光賴以少安。遷起居舍人。軾起於憂患。不欲驟履要地。辭於宰相蔡確。確曰。公徊翔久矣。朝中無出公右者。軾曰。昔林希同在館中。年且長。確曰。希固當先公邪。卒不許。元祐元年。軾以七品服入侍延和。即賜銀緋。遷中書舍人。初祖宗時。差役行久生弊。編戶充役者。不習其役。又虐使之。多致破產。狹鄉民至有終歲不得息者。王安石相神宗。改爲免役。使戶差高下出錢顧役。行法者過取。以爲民病。司馬光爲相。知免役之害。不知其利。欲復差役。差官置局。軾與其選。軾曰。差役免役。各有利害。免役之害。掊斂民財。十室九空。斂聚於上。而下有錢荒之患。差役之害。民常在官。不得專力於農。而貪吏猾胥。得緣爲姦。此二害輕重。蓋略等矣。光曰。於君何如。軾曰。法相因則事易成。事有漸則民不驚。三代之法。兵農爲一。至秦始分爲二。及唐中葉。盡變府兵爲長征之卒。

受而不答。將生怨心。受而厚賜之。正墮其計。今宜勿與。知從州郡自以理卻之。彼庸僧滑商。爲國生事。漸不可長。宜痛加懲創。朝廷皆從之。未幾。貢使果至。舊例使所至。吳越七州。費二萬四千餘緡。軾乃令諸州量事裁損。民獲交易之利。無復侵撓之害矣。浙江潮自海門東來。勢如雷霆。而浮山峙於江中。與漁浦諸山犬牙相錯。洄洑激射。歲敗公私船不可勝計。軾議自浙江上流地名石門。並山而東。鑿爲漕河。引浙江及谿谷諸水二十餘里。以達于江。又並山爲岸。不能十里。以達龍山大慈浦。自浦北折抵小嶺。鑿嶺六十五丈。以達嶺東古河。浚古河數里。達于龍山漕河。以避浮山之險。人以爲便。奏聞。有惡軾者。力沮之。功以故不成。軾復言。三吳之水。瀦爲太湖。太湖之水。溢爲松江以入海。海日兩潮。潮濁而江清。潮水常欲淤塞江路。而江水清駛。隨輒滌去。海口常通。則吳中少水患。昔蘇州以東。公私船皆以篙行。無陸挽者。自慶曆以來。松江大築挽路。建長橋以扼塞江路。故今三吳多水。欲鑿挽路爲十橋。以迅江勢。亦不果用。人皆以爲恨。軾二十年間再莅杭。有德於民。家有畫像。飲食必祝。又生作祠以報。六年。召爲吏部尚書。未至。以弟轍除右丞。改翰林承旨。轍辭右丞。欲與兄同備從官。不聽。軾在翰林數月。復以讒請外。乃以龍圖閣學士。出知潁州。先是。開封諸縣多水患。吏不究本末。決其陂澤。注之惠民河。河不能勝。致陳亦多水。又將鑿鄧艾溝。與潁河並。且鑿黃堆。欲注之於淮。軾始至潁。遣吏以水平準之。淮之漲水。高於新溝幾一丈。若鑿黃堆。淮水顧流潁地爲患。軾言於

朝。從之。郡有宿賊尹遇等。數刼殺人。又殺捕盜吏兵。朝廷以名捕不獲。被殺家復懼其害。匿不敢言。軾召汝陰尉李直方曰。君能禽此。當力言於朝。乞行優賞。不獲。亦以不職奏免君矣。直方有母且老。與母訣而後行。迺緝知盜所。分捕其黨。與手戟刺遇。獲之。朝廷以小不應格。推賞不及。軾請以己之年勞當改朝散郎階。爲直方賞。不從。其後吏部爲軾當遷。以符會其考。軾謂已許直方。又不報。七年。徙揚州。舊發運司主東南漕法。聽操舟者私載物貨征商。不得留難。故操舟者輒富厚。以官舟爲家。補其弊漏。且周船夫之乏。故所載率皆速達無虞。近歲一切禁而不許。故舟弊人困。多盜所載以濟飢寒。公私皆病。軾請復舊。從之。未閱歲。以兵部尚書召兼侍讀。是歲。哲宗親祀南郊。軾爲鹵簿使導駕入太廟。有赭繖犢車并青蓋犢車十餘。爭道不避儀仗。軾使御營巡檢使問之。乃皇后及大長公主。時御史中丞李之純爲儀仗使。軾曰。中丞職當肅政。不可不以聞。之純不敢言。軾於車中奏之。哲宗遣使齎疏馳白太皇太后。明日。詔整肅儀衛。自皇后而下。皆毋得迎謁。尋遷禮部。兼端明殿翰林侍讀兩學士。爲禮部尚書。高麗遣使請書。朝廷以故事盡許之。軾曰。漢東平王請諸子及太史公書。猶不肯予。今高麗所請有甚於此。其可予乎。不聽。八年。宣仁后崩。哲宗親政。軾乞補外。以兩學士出知定州。時國事將變。軾不得入辭。既行。上書言天下治亂。出於下情之通塞。至治之極。小民皆能自通。迨於大亂。雖近臣不能自達。陛下臨御九年。除執政臺諫外。未嘗與羣臣接。今聽政之初。當以通下情。除壅蔽爲急務。臣日侍帷幄。方當戍邊。顧不得一見而行。況疏遠小臣。欲求自通難矣。然臣不敢以不得對之故。不效愚忠。古之聖人將有爲也。必先處晦而觀明。處靜而觀動。則萬物之情畢陳于前。陛下聖智絕人。春秋鼎盛。臣願虛心循理。一切未有所爲。默觀庶事之利害。與羣臣之邪正。以三年爲期。俟得其實。然後應物而作。使既作之後。天下無恨。陛下亦無悔。由此觀之。陛下之有爲。惟憂太蚤。不患稍遲。亦已明矣。臣恐急進好利之臣。輒勸陛下輕有改變。故進此說。敢望陛下留神社稷宗廟之福。天下幸甚。定州軍政壞弛。諸衞卒驕惰不教。軍校蠶食其廩賜。前守不敢誰何。軾取貪汙者。配隸遠惡。繕修營房。禁止飲博。軍中衣食稍足。乃部勒戰法。衆皆畏伏。然諸校業業不安。有卒史以贓訴其長。軾曰。此事吾自治則可。聽汝告。軍中亂矣。立決配之。衆乃定。會春大閱。將吏久廢上下之分。軾命舉舊典。帥常服出帳中。將吏戎服執事。副總管王光祖自謂老將恥之。稱疾不至。軾召書吏使爲奏。光祖懼而出。訖事無一慢者。定人言自韓琦去後。不見此禮至今矣。契丹久和。邊兵不可用。惟沿邊弓箭社與寇爲鄰。以戰社自衞。猶號精銳。故相龐籍守邊。因俗立法。歲久法弛。又爲保甲所撓。軾奏免保甲及兩稅折變科配。不報。紹聖初。御史論軾掌內外制日所作詞命。以爲譏斥先朝。遂以本官知英州。尋降一官。未至。貶寧遠軍節度副使。惠州安置。居三年。泊然無所蔕芥。人無賢愚。皆得其歡心。又貶瓊州別駕。居昌化。昌化故儋耳地。非人所居。藥餌皆無有。初僦官屋以居。有司

猶謂不可。軾遂買地築室。儋人運甓畚土以助之。獨與幼子過處。著書以爲樂。時時從其父老游。若將終身。徽宗立。移廉州。改舒州團練副使。徙永州。更三大赦。還提舉玉局觀。復朝奉郎。軾自元祐以來。未嘗以歲課乞遷。故官止於此。建中靖國元年。卒于常州。年六十六。軾與弟轍。師父洵爲文。既而得之於天。嘗自謂作文如行雲流水。初無定質。但常行於所當行。止於所不可不止。雖嬉笑怒罵之辭。皆可書而誦之。其體渾涵光芒。雄視百代。有文章以來。蓋亦鮮矣。洵晚讀易。作易傳。未究。命軾述其志。軾成易傳。復作論語說。後居海南。作書傳。又有東坡集四十卷。後集二十卷。奏議十五卷。內制十卷。外制三卷。和陶詩四卷。一時文人如黃庭堅晁補之秦觀張耒陳師道。舉世未之識。軾待之如朋儔。未嘗以師資自予也。自爲舉子。至出入侍從。必以愛君爲本。忠規讜論。挺挺大節。羣臣無出其右。但爲小人忌惡擠排。不使安於朝廷之上。高宗卽位。贈資政殿學士。以其孫符爲禮部尚書。又以其文寘左右。讀之終日忘倦。謂爲文章之宗。親製集贊。賜其曾孫嶠。遂崇贈太師。謚文忠。軾三子。邁迨過。俱善爲文。邁駕部員外郎。迨承務郎。

論曰。蘇軾自爲童子時。士有傳石介慶曆聖德詩至蜀中者。軾歷舉詩中所言韓富杜范諸賢以問其師。師怪而語之。則曰。正欲識是諸人耳。蓋已有頡頏當世賢哲之意。弱冠。父子兄弟至京師。一日而聲名赫然。動於四方。既而登上第。擢詞科。入掌書命。出典方州。器識之閎偉。議論之卓犖。文

章之雄雋。政事之精明。四者皆能以特立之志爲之主。而以邁往之氣輔之。故意之所向。言足以達其有猷。行足以遂其有爲。至於禍患之來。節義足以固其有守。皆志與氣所爲也。仁宗初讀軾轍制策。退而喜曰。朕今日爲子孫得兩宰相矣。神宗尤愛其文。宮中讀之。膳進忘食。稱爲天下奇才。二君皆有以知軾。而軾卒不得大用。一歐陽修先識之。其名遂與之齊。豈非軾之所長不可掩抑者。天下之至公也。相不相有命焉。嗚呼。軾不得相。又豈非幸歟。或謂軾稍自韜戢。雖不獲柄用。亦當免禍。雖然。假令軾以是而易其所爲。尚得爲軾哉。（宋史蘇軾傳）

黃文節像

黃庭堅傳

黃庭堅。字魯直。洪州分寧人。幼警悟。讀書數過輒成誦。舅李常過其家。取架上書問之。無不通。常驚以爲一日千里。舉進士。調葉縣尉。熙寧初。舉四京學官。第文爲優。教授北京國子監。留守文彥博才之。留再任。蘇軾嘗見其詩文。以爲超軼絕塵。獨立萬物之表。世久無此作。由是聲名始震。知太和縣。以平易治。時課頒鹽筴。諸縣爭占多數。太和獨否。吏不悅。而民安之。哲宗立。召爲校書郎。神宗實錄檢討官。踰年。遷著作佐郎。加集賢校理。實錄成。擢起居舍人。丁母艱。庭堅性篤孝。母病彌年。晝夜視顔色。衣不解帶。及亡。廬墓下。哀毀得疾。幾殆。除服。爲祕書丞。提點明道宮。兼國史編修官。紹聖初。出知宣州。改鄂州。章惇蔡卞與其黨論實錄多誣。俾前史官分居識邑。以待問。摘千餘條示之。謂爲無驗證。既而院吏考閱。悉有據依。所餘才三十二事。庭堅書用鐵龍爪治河。有同兒戲。至是首問焉。對曰。庭堅時官北都。嘗親見之。眞兒戲耳。凡有問。皆直辭以對。聞者壯之。貶涪州別駕。黔州安置。言者猶以處善地爲骫法。以親嫌遂移戎州。庭堅泊然不以遷謫介意。蜀士慕從之游。講學不倦。凡經指授。下筆皆可觀。徽宗即位。起監鄂州稅。僉書寧國軍判官。知舒州。以吏部員外郎召。皆辭不行。匄郡得知太平州。至之九日。罷主管玉龍觀。庭堅在河北與趙挺之有微隙。挺之執政。轉運判官陳舉承風旨。上其所作荊南承天院記。指爲幸災。復除名。羈

黃文節公

管宜州。三年。徙永州。未聞命而卒。年六十一。庭堅學問文章。天成性得。陳師道謂其詩得法杜甫。學甫而不爲者。善行草書。楷法亦自成一家。與張耒晁補之秦觀。俱游蘇軾門。天下稱爲四學士。而庭堅於文章尤長於詩。蜀江西君子。以庭堅配軾。故稱蘇黄。軾爲侍從時。舉堅自代。其詞有瓌偉之文。妙絶當世。孝友之行。追配古人之語。其重之也如此。初游灊皖山谷寺石牛洞。樂其林泉之勝。因自號山谷道人云。（宋史黄庭堅傳）

鄦祭酒象

梅溪岳石塵敬摹

許愼傳

許愼。字叔重。汝南召陵人也。性淳篤。少博學經籍。馬融常推敬之。時人爲之語曰。五經無雙許叔重。爲郡功曹。舉孝廉。再遷除洨長。卒于家。初愼以五經傳說臧否不同。於是撰爲五經異義。又作說文解字十四篇。皆傳於世。（後漢書許愼傳）

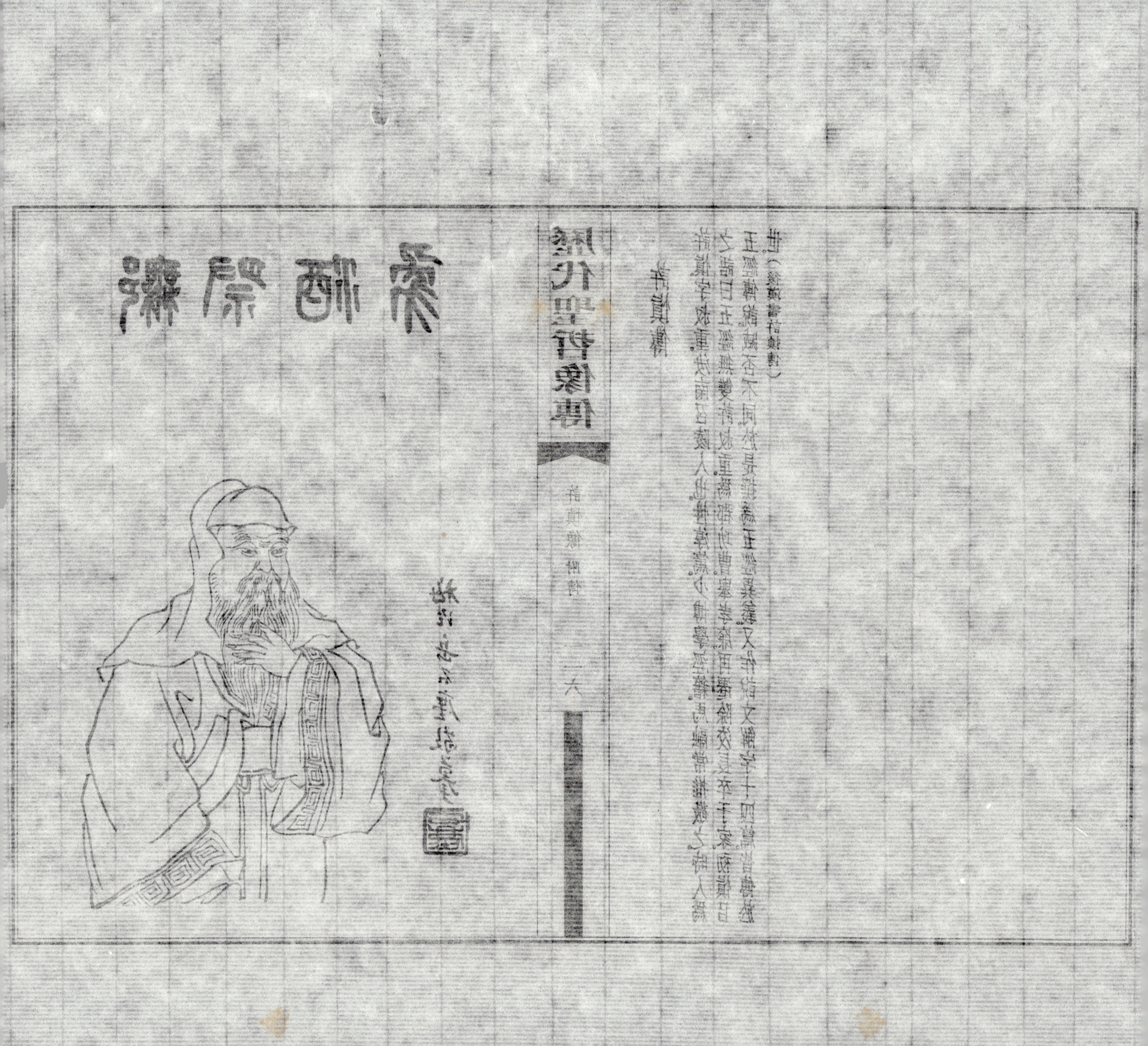

鄭康成像

鄭玄傳

鄭玄。字康成。北海高密人也。八世祖崇。哀帝時尚書僕射。玄少爲鄉嗇夫。得休歸。常詣學官。不樂爲吏。父數怒之。不能禁。遂造太學受業。師事京兆第五元先。始通京氏易。公羊春秋。三統歷。九章算術。又從東郡張恭祖受周官。禮記。左氏春秋。韓詩。古文尚書。以山東無足問者。迺西入關。因涿郡盧植。事扶風馬融。融門徒四百餘人。升堂進者五十餘生。融素驕貴。玄在門下三年不得見。迺使高業弟子傳受於玄。玄日夜尋誦。未嘗怠倦。會融集諸生考論圖緯。聞玄善算。迺召見於樓上。玄因從質諸疑義。問畢辭歸。融喟然謂門人曰。鄭生今去。吾道東矣。玄自遊學十餘年。迺歸鄉里。家貧。客耕東萊。學徒相隨已數百千人。及黨事起。迺與同郡孫嵩等四十餘人。俱被禁錮。遂隱修經業。杜門不出。時任城何休好公羊學。遂著公羊墨守。左氏膏肓。穀梁廢疾。玄迺發墨守。鍼膏肓。起廢疾。休見而歎曰。康成入吾室。操吾矛。以伐我乎。初中興之後。范升陳元李育賈逵之徒。爭論古今學。後馬融答北地太守劉瓌。及玄答何休。義據通深。由是古學遂明。靈帝末。黨禁解。大將軍何進聞而辟之。州郡以進權戚。不敢違意。遂迫脅玄。不得已而詣之。進爲設几杖。禮待甚優。玄不受朝服。而以幅巾見。一宿逃去。時年六十。弟子河內趙商等自遠方至者數千。後將軍袁隗表爲侍中。以父喪不行。國相孔融深敬於玄。屣履造門。告高密縣爲玄特立一鄉。曰。昔齊

置士鄉。越有君子軍。皆異賢之意也。鄭君好學。實懷明德。昔太史公廷尉吳公。謁者僕射鄧公。皆漢之名臣。又南山四皓。有園公夏黃公。潛光隱耀。世嘉其高。皆悉稱公。然則公者。仁德之正號。不必三事大夫也。今鄭君鄉宜曰鄭公鄉。昔東海于公。僅有一節。猶或戒鄉人侈其門閭。矧迺鄭公之德。而無駟牡之路。可廣開門衢。令容高車。號爲通德門。董卓遷都長安。公卿舉玄爲趙相。道斷不至。會黃巾寇靑部。迺避地徐州。徐州牧陶謙接㠯師友之禮。建安元年。自徐州還高密。道遇黃巾賊數萬人。見玄皆拜。相約不敢入縣境。玄後嘗疾篤。自慮。㠯書戒子益恩曰。吾家舊貧。不爲父母羣弟所容。去廝役之吏。游學周秦之都。往來幽并兗豫之域。獲覲乎在位通人。處逸大儒。得意者咸從捧手。有所授焉。遂博稽六藝。粗覽傳記。時覩祕書緯術之奧。年過四十。迺歸供養。假田播殖。㠯娛朝夕。遇閹尹擅埶。坐黨禁錮。十有四年。而蒙赦令。舉賢良方正有道。辟大將軍三司府。公車再召。比牒併名。早爲宰相。惟彼數公。懿德大雅。克堪王臣。故宜式序。吾自忖度。無任於此。但念述先聖之玄意。思整百家之不齊。亦庶幾㠯竭吾才。故聞命罔從。而黃巾爲害。萍浮南北。復歸邦鄉。入此歲來。已七十矣。宿素衰落。仍有失誤。案之禮典。便合傳家。今我告爾㠯老。歸爾㠯事。將閒居㠯安性。覃思㠯終業。自非拜國君之命。問族親之憂。展敬墳墓。觀省野物。胡嘗扶杖出門乎。家事大小。汝一承之。咨爾煢煢一夫。曾無同生相依。其勗求君子之道。研鑽勿替。敬愼威儀。㠯近有德。顯譽成於僚友。德行立於己志。若

致聲稱。亦有榮於所生。可不深念邪。可不深念邪。吾雖無紱冕之緒。頗有讓爵之高。自樂㠯論贊之功。庶不遺後人之羞。末所憤憤者。徒㠯亡親墳壟未成。所好羣書。率皆腐敝。不得於禮堂寫定。傳與其人。日西方暮。其可圖乎。家今差多於昔。勤力務時。無恤飢寒。菲飲食。薄衣服。節夫二者。尚令吾寡恨。若忽忘不識。亦已焉哉。時大將軍袁紹。總兵冀州。遣使要玄。大會賓客。玄最後至。迺延升上坐。身長八尺。飲酒一斛。秀眉明目。容儀溫偉。紹客多豪俊。並有才說。見玄儒者。未㠯通人許之。競設異端。百家互起。玄依方辯對。咸出問表。皆得所未聞。莫不嗟服。時汝南應劭。亦歸於紹。因自贊曰。故太山太守應中遠。北面稱弟子何如。玄笑曰。仲尼之門。考㠯四科。回賜之徒。不稱官閥。劭有慙色。紹迺舉玄茂才。表爲左中郎將。皆不就。公車徵爲大司農。給安車一乘。所過長吏送迎。玄迺㠯病自乞還家。五年春。夢孔子告之曰。起起。今年歲在辰。來年歲在巳。既寤㠯讖合之。知命當終。有頃寢疾。時袁紹與曹操相拒於官度。令其子譚遣使逼玄隨軍。不得已載病到元城縣。疾篤不進。其年六月卒。年七十四。遺令薄葬。自郡守㠯下。嘗受業者。縗絰赴會千餘人。門人相與撰玄答諸弟子問五經。依論語作鄭志八篇。凡玄所注周易尚書毛詩儀禮禮記論語孝經尚書大傳中候乾象歷。又著天文七政論。魯禮禘祫義。六藝論。毛詩譜。駮許愼五經異義。答臨孝存周禮難。凡百餘萬言。玄質於辭訓。通人頗譏其繁。至於經傳洽孰。稱爲純儒。齊魯閒宗之。其門人山陽郗慮。至御史大夫。東萊王基。淸河崔

琰。著名於世。又樂安國淵任嘏。時竝童幼。玄稱淵爲國器。嘏有道德。其餘亦多所鑒拔。皆如其言。玄惟有一子益恩。孔融在北海。舉爲孝廉。及融爲黃巾所圍。益恩赴難隕身。有遺腹子。玄以其手文似己。名之曰小同。

論曰。自秦焚六經。聖文埃滅。漢興。諸儒頗修藝文。及東京學者。亦各名家。而守文之徒。滯固所稟。異端紛紜。互相詭激。遂令經有數家。家有數說。章句多者。或迺百餘萬言。學徒勞而少功。後生疑而莫正。鄭玄括囊大典。網羅衆家。刪裁繁誣。刊改漏失。自是學者略知所歸。王父豫章君。每考先儒經訓。而長於玄。常以爲仲尼之門。不能過也。及傳授生徒。竝專以鄭氏家法云。（後漢書鄭玄傳）

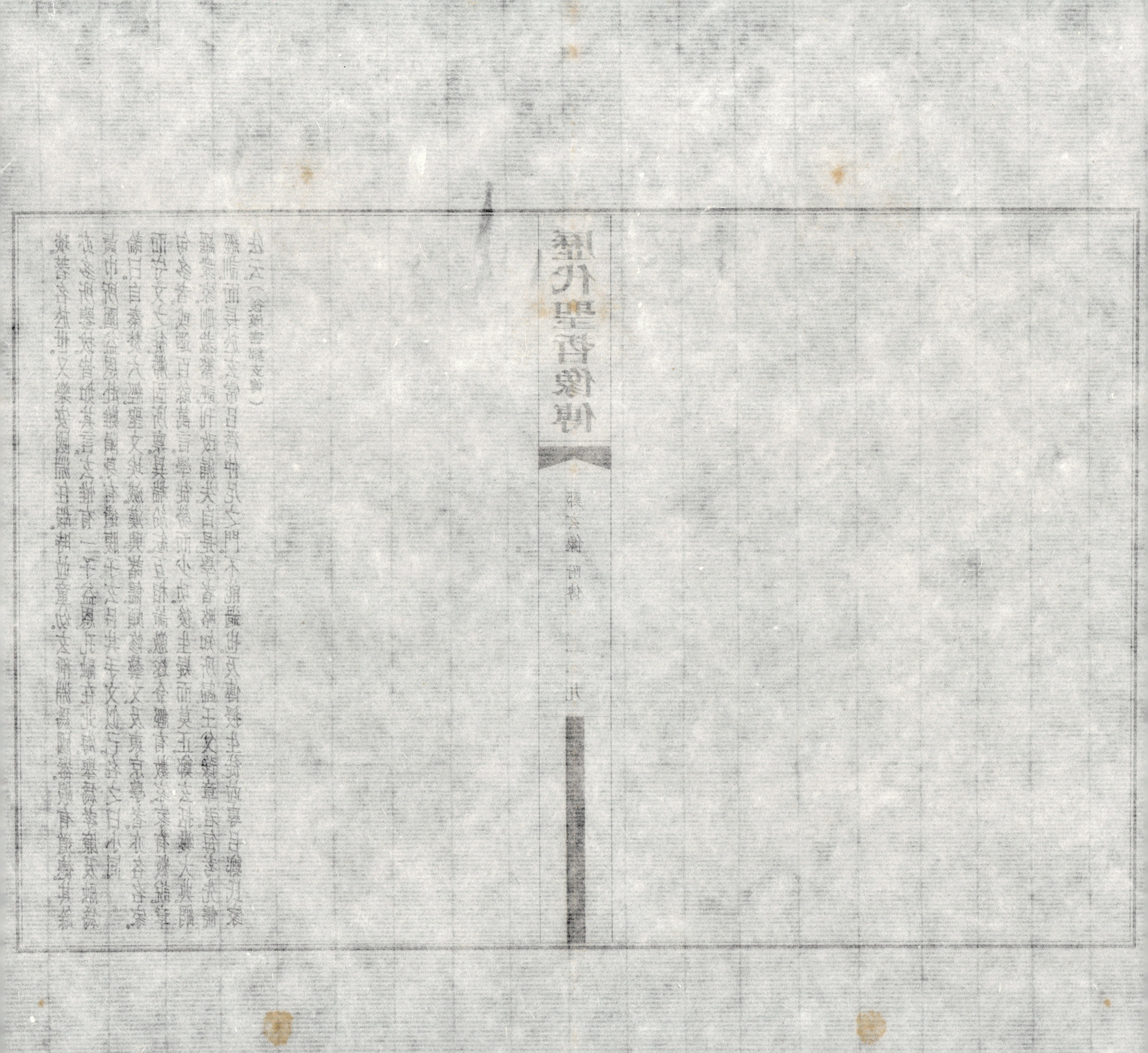

杜佑傳（缺像）

杜佑。字君卿。京兆萬年人。父希望。重然諾。所交游皆一時俊桀。爲安陵令。都督宋慶禮表其異政。坐小累去官。開元中。交河公主嫁突騎施。詔希望爲和親判官。信安郡王禕表署靈州別駕。關內道支度判官。自代州都督召還京師。對邊事。玄宗才之。屬吐蕃攻勃律。勃律乞歸。右相李林甫方領隴西節度。故拜希望鄯州都督。知留後。馳傳度隴。破烏莽衆。斬千餘級。進拔新城。振旅而還。擢鴻臚卿。於是置鎮西軍。希望引師部分塞下。吐蕃懼。遺書求和。希望報曰。受和非臣下所得專。虜悉衆爭檀泉。希望大小戰數十。俘其大酋。至莫門。焚積蓄。卒城而還。授二子官。時軍屢興。府庫虛寡。希望居數歲。芻粟金帛豐餘。宦者牛仙童行邊。或覬希望結其驩。答曰。以貨藩身。吾不忍。仙童還。奏希望不職。下遷恒州刺史。徙西河。而仙童受諸將金事泄。抵死。畀金者皆得辠。希望愛重文學。門下所引如崔顥等皆名重當時。佑以蔭補濟南參軍事。剡縣丞。嘗過潤州刺史韋元甫。元甫以故人子待之。不加禮。它日元甫有疑獄不能決。試訊佑。佑爲辨處契要。無不盡。元甫奇之。署司法參軍。府徙浙西淮南。皆表置幕府。入爲工部郎中。充江淮青苗使。再遷容管經略使。楊炎輔政。歷金部郎中。爲水陸轉運使。改度支兼和糴使。於是軍興餽漕。佑得剸決。以戶部侍郎判度支。建中初。河朔兵挐戰。民困。賦無所出。佑以爲救敝莫若省用。省用則省官。乃上議曰。漢光武建武中。廢縣四百。吏率十署一。魏太和時。分遣使者省吏員。正始時。幷郡縣。晉太元。省官七百。隋開皇廢郡五百。貞觀初。省內官六百員。設官之本。以治衆庶。故古者計人置吏。不肯虛設。自漢至唐。因征戰艱難。以省吏員誠救弊之切也。昔咎繇作士。今刑部尙書大理卿。則二咎繇也。垂作共工。今工部尙書將作監。則二垂也。契作司徒。今司徒戶部尙書。則二契也。伯夷爲秩宗。今禮部尙書禮儀使。則二伯夷也。伯益爲虞。今虞部郎中。都水使者。則二伯益也。伯冏爲太僕。今太僕卿駕部郎中。尙輦奉御閑廄使。則四伯冏也。古天子有六軍。漢前後左右將軍四人。今十二衛神策八軍。凡將軍六十員。舊名不廢。新資日加。且漢置別駕。隨刺史巡察。猶今觀察使之有副也。參軍者。參其府軍事。猶今節度判官也。官名職務。直遷易不同爾。詎有事實哉。誠宜斟酌繁省。欲致治者。先正名。神龍中。官紀蕩然。有司大集選者。既無闕員。則置員外官二千人。自是以爲常。當開元天寶中。四方無虞。編戶九百餘萬。帑藏豐溢。雖有浮費。不足爲憂。今黎苗凋瘵。天下戶百三十萬。陛下詔使者案比。纔得三百萬。比天寶三分之一。就中浮寄又五之二。出賦者已耗。而食之者如舊。安可不革。議者以天下尙有跋扈不廷。一省官吏被罷者皆往託焉。此常情之說。類非至論。且才者薦用。不才者何患其亡。又況顧姻戚家產哉。建武時。公孫述隗囂未滅。太和正始太元時。吳蜀鼎立。開皇時。陳尙割據。皆羅取俊乂。猶不慮失人以資敵。今田悅輩繁刑暴賦。惟軍是卹。遇士人如奴。固無范睢業秦。賈季彊狄

之患。若以習久。不可以遽改。且應權省別駕參軍司馬。州縣額內官。約戶置尉。當罷者。有行義在所以聞。不如狀。舉者當坐。不爲人舉者。任參常調。亦何患哉。如魏置柱國。當時宿德盛業者居之。貴寵第一。周隋閒。授受已多。國家以爲勳級。纔得地三十頃耳。又開府儀同三司。光祿大夫亦官名。以其太多。回作階級。隨時立制。遇弊則變。何必因循憚改作邪。議入不省。盧杞當國。惡之。出爲蘇州刺史。前刺史母喪解。佑母在。辭不行。改饒州。俄遷嶺南節度使。佑爲開大衢。疏析廛閈。以息火災。朱厓黎氏。三世保險不賓。佑討平之。召拜尙書右丞。俄出爲淮南節度使。以母喪解。詔不許。徐州節度使張建封卒。軍亂。立其子愔。請于朝。帝不許。乃詔佑檢校尙書左僕射。同中書門下平章事。節度徐泗討定之。佑具舟艦。遣屬將孟準度淮擊徐。不克引還。佑於出師應變非所長。因固境不敢進。乃詔授愔徐州節度使。析濠泗二州隸淮南。初佑決雷陂以廣灌溉。斥海瀕棄地爲田。積米至五十萬斛。列營三十區。士馬整飭。四鄰畏之。然寬假僚佐。故南宮僔李亞鄭元均至爭權亂政。帝爲佑斥去之。十九年。拜檢校司空同中書門下平章事。德宗崩。詔攝冢宰。進檢校司徒。兼度支鹽鐵使。於是王叔文爲副。佑既以宰相不親事。叔文遂專權。後叔文以母喪還第。佑有所案決。郎中陳諫。請須叔文。佑曰。使不可專邪。乃出諫爲河中少尹。叔文欲搖東宮。冀佑爲助。佑不應。乃謀逐之。未決而敗。佑更薦李巽以自副。憲宗在諒闇。復攝冢宰。盡讓度支鹽鐵於巽。始度支啬用度。多署吏權攝。百司繁而不綱。佑

杜佑傳　缺像

以營繕還將作。木炭歸司農。染練還少府。職務簡脩。明年。拜司徒。封岐國公。党項陰導吐蕃爲亂。諸將邀功請討之。佑以爲無良邊臣。有爲而叛。即上疏曰。昔周宣中興。獫狁爲害。追之太原。及境而止。不欲弊中國。怒遠夷也。秦恃兵力。北拒匈奴。西逐諸羌。結怨階亂。實生謫戍。蓋聖王之治天下。惟欲綏靜生人。西至于流沙。東漸于海。在北與南。止存聲教。豈疲內而事外邪。昔馮奉世矯詔斬莎車王。傳首京師。威震西域。宣帝議加爵土。蕭望之獨謂矯制違命。雖有功不可爲法。恐後奉使者。爲國家生事夷狄。比突厥默啜寇害中國。開元初。郝靈佺捕斬之。自謂功莫與二。宋璟慮邊臣由此邀功。但授郎將而已。繇是訖開元之盛。不復議邊。中國遂安。此成敗鑒戒之不遠也。党項小蕃。與中國雜處。閒者邊將侵刻。利其善馬子女。斂求繇役。遂致叛亡。與北狄西戎相誘盜邊。傳曰。遠人不服。則脩文德以來之。管仲有言。國家無使勇猛者爲邊境。此誠聖哲識微知著之略也。今戎醜方彊。邊備未實。誠宜愼擇良將。使之完輯。禁絕誅求。示以信誠。來則懲禦。去則謹備。彼當懷柔。革其姦謀。何必亟興師役。坐取勞費哉。帝嘉納之。歲餘。乞致仕。不聽。詔三五日一入中書。平章政事。佑每進見天子尊禮之。官而不名。後數年。固乞骸骨。帝不得已許之。仍拜光祿大夫。守太保致仕。俾朝朔望。遣中人錫予備厚。元和七年卒。年七十八。册贈太傅。謚曰安簡。佑資嗜學。雖貴猶夜分讀書。先是。劉秩摭百家。侔周六官法爲政典三十五篇。房琯稱才過劉向。佑以爲未盡。因廣其闕。參益新禮。爲二百篇。自號通

典。奏之。優詔嘉美。儒者服其書約而詳。爲人平易遜順。與物不違忤人皆愛重之。方漢胡廣。然練達文采。不及也。朱坡樊川頗治亭觀林芿。鑿山股泉。與賓客置酒爲樂。子弟皆奉朝請。貴盛爲一時冠。天性精於吏職。爲治不皦察。數斡計賦。相民利病而上下之。議者稱佑治行無缺。惟晚年以妾爲夫人有所蔽云。（唐書杜佑傳）

馬端臨傳（缺像）

端臨字貴與樂平人父廷鸞宋咸淳中官右丞相時休寧曹涇精詣朱子學先生從之遊師承有自以蔭補承事郎宋亡不仕著文獻通考自唐虞至南宋補杜佑通典之闕二十餘年而成仁宗延祐四年遣眞人王壽衍尋訪有道之士至饒州路錄其書上進詔官爲鏤板以廣其傳仍令先生親齎所著藁本赴路校勘英宗至治二年始竣工先是留夢炎爲吏部尚書與先生之父在宋爲同相召致先生欲用之以親老辭及父卒稍起爲慈湖柯山二書院山長教授台州路三月三十一年終於家（宋元學案）

顧亭林像

顧炎武傳

亭林先生。初名絳。字寧人。江南崑山人。乙酉。改名炎武。自署蔣山傭。本生父同應。有同祖弟曰同吉。早世。聘王氏。未婚守志。以先生爲之後。母夫人最孝。嘗斷指療姑疾。崇禎九年。旌於朝。丁亥夏。避兵常熟。年六十矣。謂先生曰。我雖婦人。然受國恩矣。遇變。我必死之。於是先生方應邑令楊永言之辟。與嘉定吳其沆同里歸莊。共起兵。奉故鄖撫王永祚。以從夏文忠允彝於吳中。魯王監國。授先生兵部司務。事既不克。永言行遁去。其沆死之。先生與莊幸得脫。母夫人聞兩京皆破。遂不食卒。遺命誡先生勿事二姓。次年。唐王起閩中。以職方郎召先生。欲赴之。念母未葬。不果。次年幾豫吳兆勝之禍。更欲赴海上。道梗不前。庚寅有怨家欲陷之。乃變衣冠作商賈。游京口。又游禾中。次年之舊都謁孝陵。癸丑。再謁。其冬又謁而圖焉。顧氏有三世僕曰陸恩。叛投里豪。丁酉。先生四謁孝陵歸。持之急。乃欲告先生通海。先生亟往擒之。數其罪。湛之水。僕壻復投里豪。以千金賄太守。欲殺先生。勢危甚。有代乞援於錢牧齋者。牧齋欲先生自稱門下。乃許之。其人知必不可。而懼失援。乃私自書刺與之。先生急索刺還。不得。則列揭通衢自白。牧齋亦笑曰。寧人之卞也。會故相路文貞振飛之子澤溥爲白其事。於是先生浩然有去志。至是。五謁孝陵。乃東行。墾田於章邱之長白山下以自給。戊戌。徧遊北畿。出山海關。歸至昌平。拜謁長陵以下。次年再謁。又

顧亭林像

顧炎武傳

念江南山水有未盡者。復歸六謁孝陵。東遊至會稽。次年復北謁思陵。由太原大同入關中。至榆林。是歲。浙中史禍作。先生幸得脫。甲辰。四謁思陵畢。墾田於雁門之北。五台之東。初先生之居東也。其地溼。不欲久留。每言馬伏波田疇。皆從塞上立業。欲居代北。嘗曰。使吾澤中有牛羊千。江南不足懷也。然又苦其地寒。乃經營創始。使門人輩司之。而身出遊。丁未之淮上。次年。自山東入京師。萊之黃氏有奴。告其主所作詩者。多株連。復以吳中陳濟生所輯忠義錄。指爲先生作。首之。書中有名者三百餘人。先生聞之。馳赴山東。自請勘。頌繫數月。富平李因篤。親至歷下解之。獄白。復如京師。五謁思陵。自是往還河北諸邊塞者凡十年。丁巳。六謁思陵。始卜居陝之華陰。始先生徧觀四方。心耿耿未下。謂秦人慕經學。重處士。持清議。實他邦所少。而華陰綰轂關河之口。雖足不出戶。而能見天下之人。聞天下之事。有警入山守險。不過十里之遙。若志在四方。則一出關門。亦有建瓴之便。乃定居焉。王徵君宏撰。築室延之。先生置田五十畝於華下。供晨夕。而東西開墾所入。別貯之以備有事。又餌沙苑蒺藜而甘之。曰。啖此久。不肉不茗可也。熊公賜履方任史事。以書來招。答曰。願以一死謝公。最下則逃之世外。懼而止。戊午。鴻詞科詔下。諸鉅公爭欲致之。先生以死辭。次年。修明史。又欲薦之。貽書葉學士方藹。誓以身殉。始得免。華下諸生。請講學。謝之曰。近日二曲徒以講學故得名。遂招逼迫。幾凶死。名之爲累甚矣。況東林覆轍。有進於此者乎。少讀宋史劉忠肅傳曰。士當以器識爲先。一命爲文人。無足觀矣。即終身謝絕應酬文字。李二曲求爲其母傳。至再三。終謝之。嘗曰。文不關於經術政理之大。不足爲也。韓公起八代衰。若但作原道諫佛骨表平淮西碑張中丞傳後序諸篇。而一切諛墓之文不作。豈不誠山斗乎。今猶未也。其論學則曰。諸君關學之餘也。橫渠藍田之教。以禮爲先。孔子嘗曰。博學於文。約之以禮。而劉康公云。民受天地之中以生。所謂命也。是以有動作威儀之則。然則君子爲學。舍禮何由。近日講學家。專以聚徒立幟爲心。而其教不肅。方將賦茅鴟之不暇。何問其餘。尋以乙未春出關。觀伊洛。歷嵩少。曰五嶽遊其四矣。會年饑。渡河至代北。復還華下。先生既負用世之略。不得一遂。所至輒小試之。墾田度地。累致千金。故隨寓即饒足。徐尚書乾學兄弟。甥也。未遇時。先生振其乏。至是鼎貴。爲東南人士宗。累書迎先生南歸。請居以別業。皆不至。庚申。其婦卒於崑山。寄詩挽之而已。康熙二十年。卒於華陰。年六十有九。無子。以從孫洪慎後。高弟吳江潘耒。刊布其遺書。先生耿介絕俗。雙瞳子中白而邊黑。見者異之。最與歸莊善。少共遊復社。有歸奇顧怪之目。於書無所不窺。尤留心經世學。歷觀廿一史。明十三朝實錄。天下圖經說部。以至公移邸鈔之屬。有關民生利害者。隨錄之。又參以躬所聞見。曰天下郡國利病書。別一編曰肇域志。最精韻學。能據遺經以正六朝唐人之失。據唐人以正宋人之失。有音學五書。李文貞光地謂漢晉以來所未有。性喜金石文。所至必躬自蒐訪。有金石文字記。晚益篤志六經。謂經學即理學也。自有舍經學言理學者。

乃墮於禪學而不自知。故持論悉本朱子之說。而歸咎於上蔡橫浦象山甚峻。有書曰下學指南。其平時論學。曰博學於文。曰行己有恥。謂自一身以至天下國家。皆學之事。自子臣弟友以至出入往來辭受取與之間。皆有恥之事。不恥惡衣惡食。而恥匹夫匹婦之不被其澤。故曰萬物皆備於我矣。反身而誠。其日知錄三十卷。尤終身精詣之書。凡經史粹言皆具焉。自言有王者起。將以見諸行事。而躋斯世於古治之隆。而未敢爲近人道也。先生出游。以馬二騾二載書。隨所至阨塞。卽呼老兵退卒詢曲折。或與平日所聞不合。則卽旅舍中發書勘之。或經行平原大野。無足措意。則馬上嘿誦諸經註疏。偶有遺忘。卽又發書熟復之。汪鈍翁嘗言經學修明者。吾得顧子亭林。李子天生。內行醇備者。吾得魏子環極。梁子日緝。先生廣之曰。學究天人。確乎不拔。吾不如王寅旭。讀書爲己。探賾洞微。吾不如楊雪臣。獨精三禮。卓然經師。吾不如張稷若。蕭然物外。自得天機。吾不如傅青主。堅苦力學。無師而成。吾不如李中孚。險阻備嘗。與時屈伸。吾不如路安卿。博聞強記。羣書之府。吾不如吳任臣。文章爾雅。宅心和厚。吾不如朱錫鬯。好學不倦。篤於朋友。吾不如王山史。精心六書。信而好古。吾不如張力臣。所著書又有左傳杜解補正。九經誤字。石經考。吳韻補正。昌平山水記。山東考古錄。京東考古錄。亭林詩文集。及二十一史年表。歷代帝王宅京記。皆行於世。（國朝先正事略）

秦蕙田傳（缺像）

太子太保尚書秦公。以經術篤行。知名海內。起家詞館。位正卿。所著五禮通考。體大思精。囊括萬有。能竟朱子未竟之志。爲門類七十有五。爲卷二百六十有二。殫思三十有八年。藁三四易而後定。自言平生精力盡於是書。乾隆二十九年四月。以疾請解任。溫旨不許。八月。復具疏乞回籍調治。詔允所請。仍懸缺以待。公既受命。買舟南下。疾遂革。以九月九日薨於滄州。訃聞。天子愴惻。賜白金千兩。庀喪具。命有司議卹。諭祭葬如制。諡曰文恭。明年。車駕南巡至無錫。幸寄暢園。御製詩有養疴旋里人何在。撫景㦛然是此間之句。寄暢園者。公家別業也。上追念舊臣。形於翰墨如此。益可以見公之爲人矣。公諱蕙田。字樹峯。號味經。宋學士觀二十六世孫。世居無錫。雍正初。析置金匱縣。遂爲金匱人。祖孫齡。順治乙未進士。官左諭德。父易然。府學生。本生父道然。康熙己丑進士。官編修。改給事中。公以乾隆元年。賜進士第三人及第。授編修。入直南書房。七年。入直上書房。尋遷侍講。進右庶子。改右通政。擢內閣學士。遷禮部右侍郎。十二年。丁本生父憂。十三年。奉旨秦蕙田服制將滿。可仍以禮部侍郎用。逾年。調刑部侍郎。兼理國子監算學。充經筵講官。二十二年。擢工部尚書。兼理樂部。明年。調刑部尚書。仍兼管工部事。尋加太子太保。二十五年。洎二十八年。兩典會試。公至性過人。方未遇時。本生父以藩邸事牽連詿繫。十餘年間。檻車南北。炎雨酸風。與吏卒雜馳。公隨侍膝下。百方營護。既通籍。朝廷赦書屢下。給諫公猶不得援例寬釋。公伏闕陳情。乞以身贖。其略云。臣本生父某。身罹重罪。已荷天恩曲宥。祇因催追銀兩。力不能完。仍行圈禁。迄今九載。年已八十。衰朽不堪。本年五六月內。侵染暑溼。虐厲時作。寒熱交攻。奄奄一息。幾至瘐斃羈所。臣雖備員禁近。而還顧臣父老病。拘幽既無完解之期。更無久存之望。方寸昏迷。不能自主。誠不忍昧心竊祿。內慙名教。伏惟皇上矜慎庶獄。有一綫可原者。槩予寬釋。當此聖明孝治之朝。更逢薄海祝網之日。惟有籲懇鴻慈。格外鑒宥。丐臣父八旬垂死之年。得終老牖下。臣願革去職銜。效力行走。以贖父罪。疏入。天語嘉歎。遂有寬釋之詔。其未完銀並豁免。由是給諫公優游林下者又十年。時與桐城方恪敏公。並稱二孝。蓋恪敏每歲徒步省其父於戍所也。公既得請。感泣誓以身許國。上亦鑒公忠孝。有意大用公矣。公任學士時。陳科舉學校六則。在禮部奉命校閱禮書。時方修會典。天子以聖人之德。制作禮樂。百度聿新。公職業攸司。考究益精博。在工部疏言。工程難易不同。司員每意存趨避。請用刑部掣簽均派例。從之。在刑部執法平允。尤爲上所倚重。同僚或持異議。公援引律例。必申其說乃已。遇僚屬嚬笑不苟。其賢者薦之不遺餘力。衆莫不憚其嚴而服其公也。公歿後。部臣讞獄偶失當。上輒舉公名歎息不置。以是知公之盡心職守矣。公立朝三十年。治事勤敏。剛介自守。不曲意徇物。公退杜門著書。不異爲諸生時。後進有通今嗜古者。延攬恐後。蓋天性然也。少

從給諫公京邸。何義門王篛林徐壇長諸先生。咸折輩行與交中歲居里門。與蔡學正宸錫吳主事大年吳學士尊彝爲讀經會。於禮經之文。如郊祀明堂。宗廟禘嘗。饗宴朝會。冠昏賓祭。宮室衣服器用等類。隨舉一義。輒集百家之說而諦審之。問難辨答。筆之箋釋。於是者十餘年。及佐秩宗。考古今禮制因革。以爲禮自秦火後。漢儒抱殘守缺。壓存什一。朱子嘗有志編次朝廷公卿大夫士民禮。盡漢晉以下諸儒之說。考訂辨正。以爲當代之典。而所撰儀禮經傳通解。體例未備。喪祭禮又續自勉齋黃氏信齋楊氏。未爲完書。迺本崑山徐氏讀禮通考義例。按吉凶軍賓嘉之目。取向所考定者。增輯排纂。有五禮通考之作。方恪敏公見而好之。與同參訂。先經後史。分門辨類。以樂律附於吉禮宗廟制度之後。以天文推步句股割圜。立觀象授時題統之。以古今郡邑山川地名。立體國經野題統之。並載入嘉禮中。凡先儒聚訟之說。一一疏通解駁。上探古人制作之原。下不違當代之法。可以坐言起行。自恪敏外。與參校者。爲德州盧雅雨元和宋慤庭青浦王述庵嘉定錢曉徵王西莊休寧戴東原。皆當世通儒也。乾隆初。江陰楊文定公領國子監事。薦公篤志經術。可佐教成均。既而直內廷。課皇子講讀。益以經術爲後學宗。嘗言儒者舍經以談道。非道也。離經以求學。非學也。故以窮經爲主。而不居講學之名。所著味經窩文集。說經之文居其大半。少喜談易。謂易者。象也。先儒詳於言理。略於言象。爰撰周易象義日箋若干卷。又謂詩三百篇。古人皆被之管絃。漢魏以降。始失其傳。然天籟之發。今猶古也。因欲以今曲歌古詩。庶協詩樂合一之旨。又奏請刊正韻書。上命公與武進劉文定公任其事。公建議古韻二百六部。今併爲一百七韻。如元與魂痕當析爲二。殷韻宜併入眞韻。不當入文韻。上聲拯韻。去聲證韻。宜分出各自爲韻。又考定四聲表。兼采崑山顧氏婺源江氏之說。欲通古音於等韻。時公已遘疾。猶往復辨論不休也。公之著述。其大者如此。他若河渠律算。下及醫方堪輿星命家言。皆泝流窮源。有體有用。梁文莊嘗云樹峯如鷹隼橫空。飛而食肉。其爲時賢推服如此。卒年六十有三。長子泰鈞。乾隆甲戌進士。官編修。(國朝先正事略)

姚姬傳象

鴛湖翁雲書敬摹

姚鼐傳

先生名鼐。字姬傳。一字夢穀。世爲桐城姚氏。端恪公文然玄孫也。少家貧。體羸多病而嗜學。世父範。學者稱薑塢先生。與同里方苧川葉花南劉海峯善。諸子中獨愛先生。令受業。苧川尤喜親海峯。客退。輒肖其衣冠談笑爲戲。薑塢嘗問其志。曰。義理考證文章。闕一不可。遂以經學授先生。而別受古文法於海峯。乾隆二十八年進士。選庶吉士。改禮部主事。三十三年。充山東副考官。擢員外郎。逾年。充湖南副考官。明年。分校會試。改擢刑部郎中。四庫館開。劉文正公朱竹君學士。咸薦先生。遂爲纂修官。時非翰林與纂修者八人。先生及程魚門任幼植爲尤著。于文襄雅重先生。欲令出門下。謝不往。三十九年。書成。當議遷官。文正以御史薦記名矣。會文正薨。先生乃乞養歸。梁階平相國屬所親語先生曰。若出吾門。吾當特薦。先生婉謝之。當是時。學者多尚新奇。厭薄宋元以來儒者。詆爲空疏。掊擊不遺餘力。先生獨反覆辨論。嘗言讀書者。求有益於吾身心也。程子以記史書爲玩物喪志。若今之爲漢學者。以搜殘舉碎。人所罕見者爲功。其玩物不尤甚耶。瀕行。翁覃溪學士來乞言。先生曰。諸君皆欲讀人間未見書。某則願讀人所常見書耳。先生嘗見國家右文之治。遠軼前代。而洛閩義理之學。尤有關於世道人心。不可誣也。顧學不博。不足以述古。言無文。不足以行遠。孤生俗儒。守其陋說。屏傳註不觀。固可厭薄。而矯之者。乃專以考訂名物

姚姬傳像

先生名鼐。字姬傳。一字夢穀。[illegible]

[illegible]

象數爲實學。於身心性命之說則詆爲空疏無據。其文章之士。又喜逞才氣。放蔑理法。以講學爲迂。是皆不免於偏蔽。思所以正之。則必破門戶。敦實踐。倡明道義。維持雅正。乃著九經說以通義理考訂之郵。撰古今辭類纂以盡古今文體之變。選五七言詩以明振雅袪俗之恉。集中贈錢獻之序。與魯賓之論文諸書。皆其宗旨所在也。歸里後。主梅花鍾山紫陽敬敷諸講席。凡四十年。所至士以得及門爲幸。與人言。終日不忤。而不可以鄙私干。有來問。必竭意告之。汲引才儁如不及。雖學術與先生異趣者見之。皆親服。錢塘袁簡齋負詞章。好非毀宋儒。先生遺之書曰。儒者生程朱之後。得程朱而明孔孟之旨。程朱猶吾父師也。然程朱言或有失。吾豈必曲從之哉。程朱亦豈不欲後人爲論而正之哉。正之可也。正之而詆毀之訕笑之。是詆訕父師也。且其人生平不能行程朱之行。而其意乃欲與程朱爭名。安得不爲天之所惡乎。紀文達撰四庫書目錄。頗詆宋儒。先生直斥其妄。貌清臞。神采秀越。澹榮利有超世之志。王蘭泉稱其藹然孝弟。有儒者氣象。而文名尤重天下。禮恭親王蕘遺敎必得姚某爲家傳。新城魯絜非以文名江右。始受學建寧朱梅崖。梅崖於當世之文少許可。獨心折先生。絜非乃渡江造訪。使諸甥陳用光等問業焉。自望溪方氏以文章稱海內。上接震川推文家正軌。劉海峯繼之。先生親問法於海峯。然自以所得爲文。不盡用海峯法也。論者謂望溪之文質。恒以理勝。海峯以才勝。學或不及。先生則理與文兼至。三君皆籍桐城。故世或稱桐城派云。嘉慶十五

年先生與陽湖趙公翼重赴鹿鳴筵宴。詔加四品銜。二十年九月。卒於鍾山。年八十有五。著九經說十九卷。三傳補注三卷。老子章義一卷。莊子章義十卷。惜抱軒文集十六卷。文後集十二卷。詩集十卷。書錄四卷。法帖題跋一卷。筆記十卷。古文辭類纂四十八卷。今體詩鈔十六卷。先生主試及分校。得士皆稱盛。錢御史灃孔檢討廣森其最也。在揚州與歙吳殿麟居最久。有所作以示殿麟。殿麟所不可。輒竄易至數四。必得當乃已。殿麟名定。海峯弟子也。嘗語陳君用光曰。先生虛懷善取。於爲文尚如是。其學可知矣。從孫瑩。字石甫。薑塢先生曾孫也。嘉慶戊辰進士。官福建知縣。洊擢臺灣道。道光二十二年。坐夷務被誣陷。逮下詔獄。凡十有二日。而事白。以同知發四川。由蓬州牧累遷湖南按察使。卒於官。工詩古文。留心經世學。遇事激昂奮發。銳欲有所爲。著東槎紀略五卷。康輶紀行十六卷。寸陰叢錄四卷。識小錄八卷。東溟文集二十六卷。詩集二十卷。（國朝先正事略）

王懷祖像

孔雲白敬摹

王念孫傳

高郵王文肅公安國有子曰念孫字懷祖學者稱石臞先生生數歲卽能讀尙書文肅公口授諸經皆成誦都下有神童之目八歲屬文偶作史論斷制有識由是文肅教之以忠恕正直立身之道且延戴君東原爲之師十四歲扶櫬南歸學與行老成所不逮也服闋補州學生以大臣子迎鑾獻文册賜舉人乾隆四十年成進士選庶吉士乞假歸謝絕人事居湖濱與李君惇賈君田祖汪君中劉君台拱程君瑤田以古學相勵凡四年入都改工部主事遂究心治河之道洞徹古今利弊爲導河議二篇上篇導河北流下篇建倉通運累遷郎中擢御史晉給事中掌吏科印在官十餘年凡錢局諸差及京察外任俸滿保送知府皆力辭識者嘉異之嘉慶四年仁宗親政之始先生疏劾宰輔某是時不乏彈章惟先生疏援据經義最爲得體特蒙嘉納海內爭傳誦焉是年春命巡淮安漕秋又巡濟寧漕盡汰陋規道路所經有關吏治民瘼者皆奏之嘗採納施行尋授永定河道積弊一清六年夏大雨彌月水漲溢奪職逮問尋奉諭曰水漫過蘆溝橋面不但人力難施亦非意想所及王念孫可加恩發河工效力七年督辦河間漫工賞六品服暫署永定河道八年諭曰王念孫於水利講求有素可賞主事銜留直隸周歷通省有關涉水利事宜悉心紀載交直隸總督彙奏辦理乃上書總督顏公檢臚陳畿輔水利顏公據以入告會河南

懷祖先生

王念孫傳

高郵王文肅公安國。有子曰念孫。字懷祖。學者稱石臞先生。[illegible]

[illegible]

衡家樓河決。命隨費尚書淳查勘。且籌新漕。又命馳赴台莊。隨同尚書吉綸治河務。尋奉旨署山東運河道。九年實授。在任數年。查工剔弊。節帑數十萬。十五年。調永定河道。召詢河務甚悉。甫旋任。東河帥請啓蘇家山閘。引黃水入微山湖以利漕運。召入都。決其是非。先生奏引黃入湖。不能不少淤。原非良策。然暫行無害。並陳運河情形。皆詔許之。是年。永定河水復漲溢。先生自引罪。得旨以六品休致。時年六十有七。道光五年。詔曰。王念孫年登耄耋。重赴鹿鳴筵宴。洵屬藝林嘉瑞。可賞給四品銜。以光盛典。是時年八十二矣。十二年正月。子引之官禮部尚書。以先生病。奏請給假。蒙宣宗皇帝召見垂問。明年九十歲。宜善爲調養。且諭以服人葠之法。越數日卒。先生初從東原戴氏受聲音文字訓詁。遂通爾雅說文。皆有撰述矣。繼見邵學士晉涵爲爾雅疏。段進士玉裁爲說文注。先生遂不復爲。撰廣雅疏證二十三卷。凡漢以前倉雅古訓。皆搜括而通證之。謂訓詁之旨。本於聲音。就古音以求古義。引伸觸類。擴充於爾雅說文之外。無所不達。然聲音文字部分之嚴。則一絲不亂。此蓋藉張揖之書。以納諸說。實多揖所未及知者。而亦爲惠氏定宇戴氏東原所未及。古音自顧氏江氏戴氏皆有考正。金壇段氏。分十七部爲益精。段氏之分支之脂爲三部也。發前人所未發。先生昔亦同見及此。因段書先出。遂輟作。然先生所分乃二十一部。按之羣經楚辭。斬然不紊。更有爲顧段諸家所未及者。尤精於校讐。凡經史子書。晉唐宋以來古義之晦。誤寫校之妄改。皆一一正之。著讀書雜志八十二卷。分逸周書戰國策管子荀子晏子春秋墨子淮南子史記漢書漢隸拾遺。凡十種。一字之微。博及萬卷。其精核如此。先生性方正。居官廉直。不受請託。畢生以著述自娛。善善惡惡。出於至誠。喜怒必形於色。教子幼以朱子小學讀書。長以經義。長子引之。能傳其學。（國朝先正事略）

曾文正像

曾國藩傳

曾國藩。字滌生。號伯涵。湖南湘鄉人。曾氏自清初由衡陽遷湘鄉。曾祖竟希。德望爲鄉里所敬重。祖玉屏。以力田好善聞。父麟書。困苦於學。授徒自給。國藩九歲畢五經。十五讀周禮儀禮史記文選。二十三入縣學。次年。鄉試中式。會試不售。留京師。窮研經史。好昌黎韓氏之文。又明年。再報罷。貸百金過金陵。盡以購書。歸而誦習益勤。至道光十八年成進士。改翰林院庶吉士。二十年散館。授檢討。二十三年三月。大考二等。以侍講陞用。六月。充四川鄉試正考官。七月。補侍講。十二月。充文淵閣校理。二十四年。轉侍讀。二十五年三月。充會試同考官。五月。遷詹事府右春坊右庶子。九月。轉左庶子。旋陞翰林院侍講學士。十二月。充日講起居注官。二十六年。充文淵閣直閣事。二十七年五月。大考二等。遇缺題奏。六月。擢內閣學士。兼禮部侍郎銜。二十八年。稽察中書科事務。二十九年正月。陞禮部右侍郎。八月。署兵部左侍郎。三十年正月。宣宗崩。文宗卽位。國藩遵旨上疏議郊配廟祔禮。上深韙之。三月。又應詔陳言。疏曰。今日所當講求者。惟在用人。人才不乏。欲作用而激揚之。則賴皇上之妙用。有轉移之道。有培養之方。有攷察之法。三者不可廢一。臣觀今日京官辦事通病有二。曰退縮。曰瑣屑。外官辦事通病有二。曰敷衍。曰顢頇。習俗相沿。但求苟安無過。不肯振作有爲。將來一遇艱鉅。國家必有乏才之患。今遽求振作之才。又恐躁競者

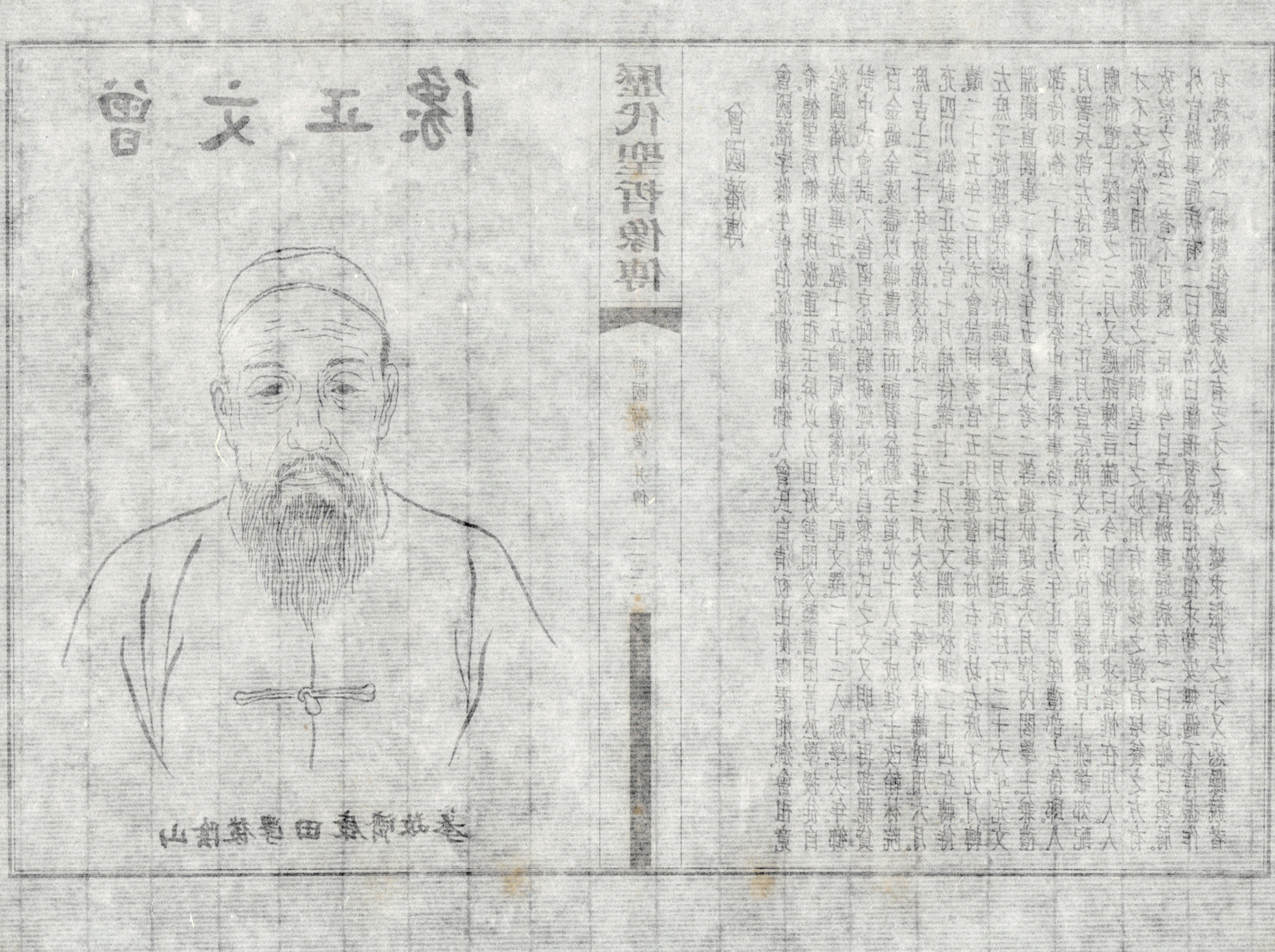

因而倖進。臣愚以爲欲令有用之才。不出範圍之中。莫若使從事於學術。又必皇上以身作則。乃能操轉移風化之本。臣考聖祖登極後。勤於學問。儒臣逐日進講。寒暑不輟。召見廷臣。輒與往復討論。當時人才濟濟。好學者多。康熙末年。博學偉才。大半皆聖祖教諭成就之。皇上春秋鼎盛。正符聖祖講學之年。臣請俟二十七月後。舉逐日進講例。四海傳播。人人向風。召見臣工。從容論難。見無才者。則勗之以學。以痛懲模稜罷輭之習。見有才者。則愈勗之以學。以化其剛愎刻薄之偏。十年以後。人才必大有起色。此轉移之道也。內閣六部翰林院。爲人才薈萃之地。內而卿相。外而督撫。率出於此。皇上不能一一周知也。培養之權。不得不責成堂官。所謂培養有數端。曰教誨。曰甄別。曰保舉。曰超擢。堂官於司員。一言嘉獎。則感而圖功。片語責懲。則畏而改過。此教誨不可緩也。榛棘不除。則蘭蕙減色。害馬不去。則騏驥短氣。此甄別不可緩也。嘉慶四年十八年。兩次令部院各保司員。此保舉成案也。雍正間。甘汝來以主事而賞人蔘。放知府。嘉慶間。黃鉞以主事而充翰林。入南齋。此超擢成案也。蓋嘗論之。人才譬若禾稼。堂官之教誨。猶種植耘耔也。甄別。猶去稂莠。保舉。猶灌溉也。皇上超擢。譬之甘雨時降。苗勃然興也。堂官時常到署。猶農夫日在田間。乃熟稽事。今各衙門堂官。多內廷行走之員。或累月不到署。自掌印主稿外。司員半不識面。譬之嘉禾稂莠。聽其同生同落於畎畝之中。而農夫不問。教誨之法無聞。甄別之例亦廢。近奉明詔保舉。又但及外官。不及京秩。培養之道。不尚

有未盡者哉。頃歲以來。六部人數日多。或廿年不得補缺。終身不得主稿。內閣翰林院人數。亦三倍於前。往往十年不得一差。不遷一秩。而堂官多直內廷。本難分身入署。又或兼攝兩部。管理數處。縱有才德俱優者。曾不能邀堂官之顧。又烏能達天子之知。以數千人才。近在眼前。不能加意培養。甚可惜也。臣愚欲請皇上稍爲酌量。每部須有二三堂官不入內廷者。令日日到署。與司員相砥礪。翰林掌院。亦須有不直內廷者。與編檢相濡染。務使屬官之性情心術。長官一一周知。皇上不時詢問。某也才。某也直。某也小知。某也大受。不特屬官優劣粲呈。即長官淺深。亦可互見。旁考參稽。而八衙門之人才。同往來聖主之胸中。彼屬官者。但令姓名達於九重。不必陞官遷秩。而已感激無地。然後保舉之法。甄別之例。次第舉行舊章。皇上偶有超擢。則楩枏一陞。而草木之精神皆振。此培養之方也。古者詢事攷言。二者兼重。近來各衙門辦事。小者循例。大者請旨。本無才猷可見。莫若於言考之。而召對臣言。天威咫尺。不宜喋喋便佞。則莫若於奏摺考之。國家定例。內而九卿科道。外而督撫藩臬。皆有言事之責。各省道員。亦許專摺言事。乃十餘年間。九卿無一人陳時政得失。司道無一摺言地方利病。科道奏疏。無一言及主德隆替。無一摺彈大臣過失。一時風氣。不解其所以然。本朝以來。匡言主德者。如孫嘉淦以自是規高宗。高銑以寡慾規宣宗。皆優旨嘉納。糾彈大臣者。如李之芳劾魏裔介。彭鵬劾李光地。後四人皆爲名臣。至今傳爲美談。直言不諱。未有盛於我朝者也。皇上御極

之初。特詔求言。而褒答倭仁之諭。臣讀之至於抃舞感泣。然猶有過慮者。
誠見皇上求言甚切。諸臣紛紛入奏。或條陳庶政。頗多雷同。或彈劾大臣。
懼長攻訐。臣愚顧皇上堅持聖意。借奏摺爲考覈人才之具。永不生厭斁
之心。涉於雷同者。不必交議而已。過於攻訐者。不必發鈔而已。此外則但
見有益。不見有損。今考九卿賢否。憑召見應對。考科道賢否。憑三年京察。
考司道賢否。憑督撫考語。若人人建言。參互質證。豈不更爲覈實乎。此攷
察之法也。奏入。諭稱其剴切明辨。切中事情。命百日後舉行日講。國藩旋
條陳日講事宜。下部議。格不行。六月。署工部左侍郎。咸豐元年五月。署刑
部右侍郎。十月。充順天武鄉試正考官。二年正月。署吏部左侍郎。六月。充
江西鄉試正考官。旋丁母憂。回籍。時廣西洪秀全倡亂。進湖南。圍長沙。不
克。攻湖北武昌。陷之。連陷沿江郡縣。江南大震。初敵至長沙城南。穿地道
爇火藥。城崩八丈。以總兵瞿騰龍苦戰得完。然敵竟從容渡湘去。諸軍近
萬人。但幸其去。莫敢問其蹤跡也。十一月。乃命國藩會同湖南巡撫張亮
基。辦理本省團練。搜剿土匪。時塔齊布尚以都司署撫標參將。國藩奏稱
其奮勇耐勞。深得民心。並云。塔齊布將來如打仗不力。臣甘同罪。請旨獎
敍。專令督隊剿敵。會秀全破金陵。逆流西上。皖鄂郡縣相繼淪陷。上以國
藩所練鄉勇得力。剿匪著有成效。諭令馳赴湖北剿辦。國藩以爲賊所以
恣意往來者。由長江無軍官扼禦故也。乃駐衡州。造戰艦。練水軍。勸捐助
餉。四年二月。奏請將原任湖北巡撫楊健。從祀鄉賢。下部議處。尋議降二

級調用。復督師東下。三月。與敵接戰岳州。四月。又戰靖港。各軍相繼潰退。
國藩立旗岸上。仗劍呼曰。過旗者斬。士皆繞旗旁下退。國藩憤甚。投水死。
以救得免。乃有裁汰所部。添造戰船之議。未幾。得旨革職。仍准專摺奏事。
時國藩已遣守備楊載福知縣彭玉麟與塔齊布合擊於湘潭。大破之。復
其城。敵退踞岳州。七月。國藩攻克之。燬其舟。敵浮舟上攻。再破之。途與塔
齊布水陸追擊。自城陵磯二百餘里。剿洗淨盡。賞三品頂戴。九月。復武昌
漢陽。盡焚襄河敵舟。賞二品頂戴。署湖北巡撫。賞戴花翎。旋以國藩力辭。
賞兵部侍郎銜。辦理軍務。毋庸署理巡撫。國藩建三路進兵策。奏言。江漢
肅清。賊之回巢抗拒者。多集興國蘄州廣濟諸屬。自巴河至九江。節節皆
有賊船。擬塔齊布由南路進攻興國大冶。湖北督臣派兵由北路進攻蘄
州廣濟。臣由江路直下。與陸軍相輔爲進止。如所請行。國藩揚帆而下。連
戰勝敵。蘄州敵來攻。再破之。會塔齊布復興國大冶。時敵以田家鎮爲巢
穴。蘄州爲聲援。自州至鎮四十餘里。沿岸築土城。設礮位。對江轟擊。橫鐵
鎖江上。以阻舟師。南岸半壁山富池口。均大股悍敵駐守。舟楫往來如織。
國藩計欲破田鎮。當先奪南岸。十月。寧紹台道羅澤南大破之半壁山。克
之。國藩部署諸將。分戰船四隊。一隊扼敵上進。二隊備爐鞴椎斧。前斷鐵
鎖。敵礮船護救。三隊圍擊之。沉二艘。敵不敢近。須臾鎔斷鐵鎖。敵驚顧失
色。率舟遁。四隊馳而下。追及於鄔穴。東南風大作。舟不能行。圍而焚之。百
里內外。火光燭天。陸軍自半壁山呼而下。悉平田鎮富池口營壘。蘄州敵

遁。是役也。斃敵數萬。燬其舟五千。遂與塔齊布復廣濟黃梅孔壠口小池驛上游。江面肅清。進圍九江。十二月。上以國藩調度有方。賞穿黃馬褂。並諸珍物。國藩遣水軍攻湖口梅家洲。以通江西餉道。五年。敵竄武昌。分股乘夜。由小池口襲焚國藩戰艦。戰失利。越數日。大風復壞舟數十。國藩迺以其餘遣署湖南按察使李孟羣。知府彭玉麟。及湖北布政使胡林翼所帶陸軍。回援武漢。親赴江西造船募勇。增立新軍。連破姑塘都昌。進攻湖口。大敗之。七月。湖南提督塔齊布卒。國藩馳往九江。兼統其軍。八月。水軍復湖口。九月。補兵部右侍郎。六年。石達開竄江西。郡縣多陷。國藩馳赴省城。遣道員彭玉麟統內湖水師。退駐吳城。以固湖防。同知李元度回剿撫州。以保廣信。諸將分扼要地。先後復進賢建昌東鄉豐城饒州。連破撫州樟樹鎮羅溪瓦山吳城之敵。會同湖北援師知縣劉騰鴻同知曾國華等。大破之瑞州。復靖安安義上高。自江西達兩湖之路。賴以無梗。七年正月。復安福新淦武寧瑞昌德安奉新。軍聲大振。不一歲。石達開敗遁。江西獲安。國藩力也。二月。丁父憂。上諭賞假三個月。回籍治喪。俟假滿後。再赴江西督辦軍務。尋固請終制。上諭俟九江克復。江面肅清。賞假令其回籍營葬。俾得忠孝兩全。國藩復奏稱江西各營安謐如常。毋庸親往撫馭。並瀝陳才難宏濟。心抱不安。奉旨先開兵部侍郎缺。暫行在籍守制。江西如有緩急。即行前赴軍營。以資督率。八年五月。命辦理浙江軍務。移師援閩。閩敵分股竄擾江西。國藩遣道員李元度破之廣豐玉山。張運蘭復安仁。時國藩駐軍建昌。東南北三路皆敵。國藩計東路連城。敵勢已衰。閩事不足深慮。北路景德鎮。乃大局所關。又較南路信豐爲重。乃遣張運蘭攻景德鎮。道員蕭啓江追剿信豐之敵。九年。蕭啓江破之南康。克新城墟池江敵巢。遂復南安。解信豐圍。敵竄湖南。將由粵黔入蜀。國藩隨檄蕭啓江馳赴吉安。援應湖南。張運蘭復景德鎮浮梁縣。江西肅清。餘敵竄皖南。國藩奉命防蜀。行至陽邏。奉諭皖省賊勢日張。飭籌議由楚分路剿辦。國藩回駐巴河。簡校軍實。因奏言。自洪楊內亂。鎮江克復。金陵逆首。凶燄久衰。徒以陳玉成往來江北。句結捻匪。廬州浦口三河等處。疊挫我師。遂令皖北之糜爛日廣。江南之賊糧不絕。欲廓清諸路。必先破金陵。欲破金陵。必先駐重兵滁和。而後可去江南之外屏。斷蕪湖之糧路。欲駐兵滁和。必先圍安慶。以破陳逆之老巢。兼擣廬州。以攻陳逆所必救。進兵須分四路。南則循江而下。一由宿松石牌規安慶。一由太湖潛山規桐城。北則循山而進。一由英山霍山攻舒城。一由商城六安規廬州。南軍駐石牌。則與福建水師提督楊載福黃石磯之師。聯爲一氣。北軍至六安州。則與壽州之師聯爲一氣。國藩請自規安慶。協領多隆阿綏靖鎮總兵鮑超取桐城。署湖北巡撫胡林翼取舒城。荆宜施道李續宜規廬州。奏入。上是之。十年二月。陳玉成攻太湖。國藩分兵破之。旋因金陵大營分兵援浙。城中悍敵大股出撲。統帥和春張國樑。以兵單敵衆。退守丹陽。旋皆戰歿。兩江總督何桂清。棄常州。奔上海。致蘇常連陷。勢甚蔓延。四月。上特命國藩馳赴江蘇。並先行

歷代聖哲像傳

賞加兵部尚書銜。署理兩江總督。六月實授。以欽差大臣督辦江南軍務。七月。命皖南軍務。統歸國藩督辦。十一年。國藩進駐祁門。督飭楊載福。按察使彭玉麟道員曾國荃等諸軍。水陸夾擊。爲逐層埽蕩之計。先後復黟縣都昌彭澤東流建德休寧徽州義寧各城。悍敵數萬踞安慶。久不下。曾國荃副都統多隆阿等圍之。陳玉成來援。諸軍擊走之。拔其城。敵無脫者。進復池州鉛山無爲銅陵。及泥汊神塘河運漕東關各隘。十月。穆宗御極。加太子少保銜。令統轄江蘇安徽江西浙江四省軍務。巡撫提鎮以下。悉歸節制。國藩力辭。上不許。先是。敵圍杭州。國藩疊奉援浙之命。咨令太常寺卿左宗棠統軍入浙。檄按察使張運蘭副將孫昌國等。水陸各營。均歸調度。以厚兵力。並撥給錢漕釐金。以清所部積欠。因奏稱。左宗棠前在湖南撫臣駱秉章幕中。贊助軍謀。兼顧數省。其才實可獨當一面。懇明降諭旨。令左宗棠督辦浙江全省軍務。上以浙江巡撫王有齡及江蘇巡撫薛煥。不能勝任。命國藩察看具奏。並迅速保舉人員候旨簡放。國藩奏言。蘇浙兩省。羣賊縱橫。安危利鈍。繫於巡撫一人。王有齡久受客兵挾制。難期振作。欲擇接任之人。自以左宗棠最爲相宜。惟此時杭州被困。必須王有齡堅守於內。左宗棠救援於外。俟事勢少定。乃可更動。至江蘇巡撫一缺。目前實無手握重兵之人。可勝此任。查有臣營統帶淮揚水師之福建延建邵遺缺道員李鴻章。勁氣內斂。才大心細。若蒙聖恩擢署江蘇巡撫。臣再撥給陸軍。便可馳赴下游。保衛一方。奏入。上皆特如所請。復因杭州失

守。奏陳補救之策。同治元年正月。命以兩江總督協辦大學士。國藩奏言。自去秋以來。疊荷鴻恩。臣弟國荃。又拜浙江按察使之命。一門之內。數月之間。異數殊恩。有加無已。感激之餘。繼以悚懼。懇求皇上念軍事之靡定。鑒微臣之苦衷。金陵未克以前。不再加恩於臣家。又前此疊奉諭旨。飭保薦江蘇安徽巡撫。復蒙垂詢閩省督撫。飭臣保舉大臣。開列請簡。封疆將帥。乃朝廷舉措之大權。如臣愚陋。豈敢干預。嗣後。如有所知。堪膺疆寄者。隨時恭疏入告。仰副聖主旁求之意。但泛論人才。以備採擇則可。指明某缺。徑請遷除則不可。蓋四方多故。疆臣既有征伐之權。不可更分黜陟之柄。風氣一開。流弊甚長。辨之不可不早。尋遣將擊走徽州荻港之敵。復青陽太平涇縣石埭。國荃會同水師。復巢縣含山和州並銅陵牐雍家鎮裕溪口西梁山四隘。弟貞幹復繁昌南陵。破敵三山魯港。上以國藩前奏。情詞懇摯。出於至誠。不再加恩。而進國荃貞幹等職。國藩駐安慶督師。奏請仍建安徽省會於安慶。設長江水師提督以下各官。指授諸將機宜。以次規取皖南北府縣各城。國荃率師進圍金陵。蘇浙李秀成等。分道來援。大小數十戰。力御之。二年五月。復江浦浦口。克九洑州。長江肅清。因淮南運道暢通。籌復鹽務。改由民運。奏請疏銷輕本保價杜私之法。三年正月。克鍾山。國藩令弟國荃會諸將合圍金陵。六月。金陵克復。生擒忠王李秀成等。掘戮洪秀全屍。三日內。斃敵十餘萬人。全股殄滅。國藩紅旗奏捷。並稱大逆起亂粵西。於今十有五年。竊踞金陵。亦十二年。流毒海內。神人共憤。

我朝武功之盛。超越前古。如嘉慶川楚之役。蹂躪僅及四省。淪陷不過十餘城。康熙三藩之役。蹂躪尚止十二省。淪陷亦第三百餘城。今粵匪之變。蹂躪竟及十六省。淪陷至六百餘城之多。實爲罕見之巨寇。卒能次第削平。剗除元惡。蔚爲中興之業。上覽奏嘉悅。諭曰。曾國藩自咸豐四年。在湖南首倡團練。創立舟師。與塔齊布羅澤南等。屢建殊功。保全湖南郡縣。克復武漢等城。肅清江西全境。東征以來。由宿松克潛山太湖。進駐祁門。疊復徽州郡縣。遂拔安慶省城。以爲根本。分檄水陸將士。規復下游州郡。茲大功告蕆。逆首誅鋤。由該大臣籌策無遺。謀勇兼備。知人善任。調度得宜。曾國藩著加恩賞加太子太保銜。錫封一等侯爵。世襲罔替。並賞戴雙眼花翎。浙江巡撫曾國荃。賞加太子少保銜。錫封一等伯爵。並賞戴雙眼花翎。將士錫爵進秩有差。時捻衆倡亂日久。徒衆數十萬。馬數萬匹。分合不常。飄忽無定。四年四月。欽差大臣科爾沁親王僧格林沁戰歿於山東曹州。聲勢日熾。命國藩赴山東一帶督兵剿辦。山東河南直隸三省旗綠各營。及地方文武員弁。均歸節制調遣。國藩將赴徐州督師。乃招集新軍。添練馬隊。檄調皖南鎮總兵劉松山。直隸提督劉銘傳。總兵周盛波。道員潘鼎新諸軍會剿。五月。敵竄亳州雉河集。國藩駐臨淮關。遣兵擊走之。先後奏言。此賊已成流寇。飄忽靡常。宜各練有定之兵。乃足以制無定之賊。臣由臨淮進兵。將來安徽即以臨淮爲老營。及江蘇之徐州。山東之濟寧。河南之周家口。四路各駐大兵。爲重鎮。一省有急。三省往援。其援軍之口糧火藥。即取給於受援之地。庶幾往來神速。呼吸相通。時張總愚任柱牛洛紅及太平軍賴汶光。擁衆十萬。倏分倏合。八月。國藩遣劉銘傳敗之潁州。敵東走曹州。國藩檄潘鼎新力扼運河。派軍馳赴山東助剿。敵不能渡運。遂南走徐州。踞豐沛銅山境內。九月。國藩遣潘鼎新等敗之徐州豐縣。敵復竄山東。十月。周盛波劉銘傳敗之寧陵扶溝。敵竄陷湖北黃陂。五年正月。國藩遣劉銘傳破之。復其城。任柱回竄沈邱。將踞蒙亳老巢。遣劉銘傳周盛波擊之。張總愚分股入鄆城。三月。劉銘傳廣西右江鎮總兵張樹珊敗之潁州周家口。羣敵合踞濮范鄆鉅間。諸軍擊破之。張總愚趨單縣。任柱走靈壁。國藩駐徐州。修浚運河。以固東路。五月。遣諸將敗張酋於洋河王家林。敗任酋於永城徐州。敵自二月北竄。堅圖渡運。徘徊曹徐淮泗者。兩月餘。迄不得逞。於是張總愚入豫。任柱入皖。國藩遣周盛波大破牛洛紅於陳州。敗任賴二酋於烏江河。張樹珊敗之於周家口。牛張二酋渡沙河而南。任賴二酋亦竄渡賈魯河。國藩以前防守運河。粗有成效。必仿照於沙河設防。俾敵騎稍有遮攔。庶軍事漸有歸宿。定議自周家口下至槐店。扼守沙河。上至朱仙鎮。扼守賈魯河。因奏言。河身七百餘里。地段太長。不敢謂防務既成。百無一失。然臣必始終堅持此議。不以艱難而自畫。不以浮言而中更。以求有裨時局。自古辦流寇。本無善策。惟有防之使不得流。猶是得寸則寸之道。俟河防辦成。則令防河者與遊擊者。彼防此戰。更番互換。庶足以保常新之氣。六月。遣劉松山宣化鎮總兵張詩日大破之

於上蔡西華。敵由河南巡撫所派防軍汎地逸出東竄。河防無成。七月。遣劉松山提督宋慶大破之南陽新野。九月。劉銘傳潘鼎新破之鄆城運防賴以無恙。時以國藩行師迂緩。謗議紛起。乃自陳病狀。上命國藩仍回兩江總督本任。以李鴻章代辦剿匪事宜。國藩請開總督缺。以散員留營自效。不許。十一月回任。六年六月。授大學士。仍留兩江總督任。七月。授體仁閣大學士。九月。奏稱製造輪船。爲救時要策。請將江海關洋稅酌留二成。一成爲專造輪船之用。一成酌濟淮軍及添兵等事。從之。十二月。捻平。賞雲騎尉世職。七年四月。授武英殿大學士。七月。調直隸總督。十二月入覲。賜紫禁城騎馬。八年二月。查明積潦大窪地畝。應徵糧賦。請分別豁減。從之。三月。奏直隸刑案積多。與臬司張樹聲力籌清釐。甫有端緒。張樹聲見調任山西。請暫留一年。以清積案。諭曰。曾國藩到任後。辦事認眞。於吏治民風。實心整頓。力戟敝習。著如所請。俾收指臂之助。一年之中。凡清結積案三萬餘件。又先後二次查明屬員優劣。開單具奏。得旨分別嘉勉降革。時直隸營伍廢弛。廷議選練六軍。命國藩將前定練軍章程。妥籌經理。五月。國藩奏陳。一曰文法宜簡。一曰事權宜專。一曰情意宜洽。及免冒名頂替之弊。請敕原議各衙門覈議施行。復命國藩籌定簡明章程。奏報定議。國藩奏陳。試行果有頭緒。然後奏定簡明章程。允之。同治三年至九年正月。三屆京察。均蒙溫諭褒嘉。下部優敘。五月。通商大臣崇厚奏天津民人。因迷拐幼孩。有牽涉教堂情事。法國領事豐大業。出言不遜。對官施放洋槍。百姓激忿。毆斃豐大業。焚毀教堂。上命國藩赴天津查辦。並諭以查有實據。自應與洋人指證明確。將匪犯按律懲辦。以除地方之害。國藩奏言。各省打毀教堂之案。層見疊出。而毆斃領事洋官。則從來未有之事。即使曲在洋人。而外國既斃多命。不肯更認理虧。臣但立意不欲與之開釁。使在彼有可轉圜之地。庶在我不失柔遠之方。六月抵津。查詢仁慈堂挖眼剖心。毫無實據。奏稱採生配藥。野番兇惡之族。尚不肯爲。英法乃著名大邦。豈忍爲此殘忍之行。以理決之。必無是事。況彼以仁慈爲名。而反受殘酷之謗。宜洋人之忿忿不平也。又奏誅爲首滋事之人。將辦理不善之天津府縣。革職治罪。復諭以洋人詭譎性成。得步進步。若事事遂其所求。將來何所底止。是欲弭釁而不免啓釁也。如洋人仍有要挾恫喝之語。曾國藩當力持正論。據理駁斥。庶可折敵燄而張國維。國藩復奏中國目前之力。未便遽啓兵端。惟有委曲求全之一法。因陳時事雖極艱難。謀畫必須斷決。伏見道光庚子以後。辦理洋務。失在朝戰夕和。無一定之至計。遂至外患漸深。不可收拾。皇上登極以來。守定和議。絕無更改。用能中外相安。十年無事。津郡此案。因愚民一旦憤激。致成大變。初非臣僚有意挑釁。朝廷昭示大信。不開兵端。此實天下生民之福。以後仍當堅持一心。曲全鄰好。以爲保民之道。時時設備。以爲立國之本。二者不可偏廢。一時輿情大譁。責國藩畏葸辱國。威名重挫。八月。調兩江總督。國藩瀝陳病狀。請另簡賢能。開缺調理。奉諭慰勉。十一月。命充辦理通商事務大臣。十年。以楚岸

淮南引地。爲川鹽所侵占。借湖廣總督李瀚章定議。與川鹽分岸行銷。奏請武昌漢陽黃州德安四府。專銷淮鹽。安陸襄陽鄖陽荆州宜昌荆門五府一州。暫行借銷川鹽。湖南巡撫劉崐請於永寶二府試行官運粵鹽。國藩復力陳二府引地。不便改運。部議皆如所請。十一年二月卒。年六十有二。清自道光以後。文酣武嬉。泄沓成風。國藩以公忠誠樸。爲天下倡。卽其居官治軍。亦粹然儒者氣象。咸豐十一年。作勸誡州縣營官委員紳士十六條。頒示於衆。勸誡州縣者曰。治署內以端本。明刑法以清訟。重農事以厚生。崇節儉以養廉。勸誡營官者曰。禁騷擾以安民。戒煙酒以儆惰。勤訓練以禦寇。尙廉儉以服衆。勤學問以廣才。戒傲惰以正俗。勸誡紳士者曰。保愚懦以庇鄉。崇廉讓以奉公。禁大言以務實。擴才識以待用。國藩文章精深博大。氣勢雄厚。自謂粗解文字。由桐城姚先生啓之。其閎肆之筆。實非姚鼐所及也。當時漢宋之爭最烈。國藩務調和二者。以爲義理考据詞章。不可缺一。其言曰。文之純駁。一視乎見道之多寡以爲差。所謂見道多寡之分數何也。曰深也。博也。後之見道不及孔氏者。其深有差焉。其博有差焉。能深且博。而文復不失古聖之誼者。孟氏而下。惟周子之通書。張子之正蒙。醇厚正大。邈焉寡儔。許鄭亦能深博。而訓詁之文。或失之碎。程朱亦能深博。而指示之語。或失之隘。其他若杜佑鄭樵馬貴與王應麟之徒。能博而不能深。則文流於蔓矣。游楊金許薛胡之儔。能深而不能博。則文傷於易矣。由是有漢學宋學之分。斷斷相角。竊欲取二者之長。見道旣深且博以爲文。復臻於無累。游其門者。如李元度張裕釗吳汝綸黎庶昌薛福成。皆極文章之選。庶昌之言曰。湘鄉曾文正公出。擴姚氏而大之。並功德言爲一塗。挈攬衆長。轢歸掩方。跨越百氏。將遂席兩漢而還之三代。使司馬遷班固韓愈歐陽修之文。絕而復續。豈非所謂豪傑之士。大雅不羣者哉。蓋自歐陽氏以來。一人而已。又曰。曾氏之學。蓋出於桐城。固知其與姚先生之旨合。而非廣己於不可畔岸也。循姚氏之說。屛棄六朝駢麗之習。以求所謂神理氣味。格律聲色。法愈嚴而體愈尊。循曾氏之說。將盡取諸儒之多識格物。博辨訓詁。一納諸雄奇萬變之中。以矯桐城末流虛車之飾。其道相資。無可偏廢。其所推崇。初非溢美。時海禁初開。有志之士。爭習西學。國藩首派學生赴歐西留學。肄習學藝。造就甚多。其學一歸之有用。後人尊之爲湘鄉派云。所著有求闕齋集。遺疏入。上震悼。輟朝三日。追贈太傅。照大學士例賜卹。予謚文正。入祀京師昭忠祠賢良祠。於湖南原籍。江寧省城。建立專祠。尋湖廣總督李瀚章。安徽巡撫英翰。署兩江總督何璟。奏陳國藩歷年勳績。李瀚章奏略云。國藩初入翰林。卽與故大學士倭仁太常寺卿唐鑑徽寧道何桂珍講明程朱之學。克己省身。得力有自。遭值時艱。毅然以天下自任。死生禍福。置之度外。其過人識力。在能堅持定見。不爲浮議所搖。用兵江皖。陳四路進攻之策。剿辦捻匪。建四面蹙賊之議。其後成功。不外乎此。英翰奏略云。自安慶克復後。國藩督軍駐紮。整吏治。撫瘡痍。培元氣。訓屬僚若子弟。視百姓如家人。生聚教養。百廢俱舉。

至今皖民安堵。皆國藩所留貽。一聞出缺。士民奔走。婦孺號泣。以遺愛而言。自昔疆臣。湯斌于成龍而後。未有若此感人之深者。何璟奏略云。咸豐十年。國藩駐祁門。皖南北十室九空。自金陵至徽州八百餘里。無處無賊。無日無戰。徽州初陷。休祁大震。或勸移營他所。國藩曰。吾初次進兵。遇險即退。後事何可言。吾去此一步。無死所也。賊至環攻。國藩手書遺囑。帳懸佩刀。從容布置。不改常度。死守兼旬。檄鮑超一戰。驅之嶺外。以十餘載稽誅之狂寇。國藩授鉞四年。次第蕩平。皆因祁門初基不怯。有以寒賊膽而作士氣。臣聞其昔官京師。即留心人物。出事戎軒。尤勤訪察。一材一藝。罔不甄錄。又多方造就以成之。安慶克復。則推功於胡林翼之籌謀。多隆阿之苦戰。金陵克復。又推功諸將。無一語及其弟國荃。談及忠親王僧格林沁李鴻章左宗棠諸人。皆自謂十不及一。清儉如寒素。廉俸盡充官用。未嘗置屋一廛。田一區。食不過四簋。男女婚嫁。不過二百金。垂爲家訓。有唐楊綰宋李沆之風。其守之甚嚴。而持之有恒者。曰不誑語。不晏起。前在兩江任內。討究文書。條理精密。無不手訂之章程。點竄之批牘。前年回任。感激聖恩高厚。仍令坐鎮東南。自謂稍有怠安。負疚滋重。公餘無客不見。見必博訪周諮。殷勤訓勵。於僚屬之賢否。事理之原委。無不默識於心。其患病不起。實由平日事無鉅細。必躬必親。殫精竭慮所致也。奉諭於安徽湖北省城建立專祠。此外立功省分。並著准其一體建立專祠。伊次子附貢生曾紀鴻。伊孫曾廣鈞。均著賞給舉人。准其一體會試。曾廣鎔著賞給員外郎。曾廣銓賞給主事。均俟及歲時分部學習行走。何璟李瀚章英翰摺三件均著宣付史館。用示眷念勳臣。有加無已至意。尋賜祭葬。十二年。兩江總督李宗羲奏請將國藩入祀江寧府上元縣江寧縣三學名宦祠。光緒元年。大學士直隸總督李鴻章。以國藩遺愛在民。請於保定省城建立專祠。並附祀省城名宦祠。先後均允之。十五年。慈禧皇太后歸政。追念功績最著諸臣。各賜祭一壇。國藩與焉。十八年。河南巡撫裕寬以國藩督師豫省。弟前任河道總督國荃。功德在民。請於河南省城捐建一祠合祀。詔如所請。子紀澤襲侯爵。

曾文正以儒道飭吏治。夷大難。爲文章。卓然大家。而自定其所學曰、取法文周孔孟以逮顧秦姚王。三十二人而已。既以詔其子紀澤。圖繢遺像。心儀口誦。取法於是。紀澤敭厤內外、不墜厥緒、伊犁爭俄約一事。尤爲人所稱頌。二世之效。蓋可覩已。其像久佚。後人綴輯。闕其三人。印版漫漶。儀容不肅。輒告友人。重加鉤勒。庶使先哲聲音笑貌。僾然可接、以彰文正詔示後人之意。倘亦有可取乎。友人者。李鴻梁、田康濟、夏貞叔夏惠民、仲詠沂、岳石塵、翁雲書、及孔雲白世講也。是八人者。並以藝事著稱。亦嘗心儀夫聖哲者。並仍其闕失。所附傳記。一如舊出。復撰文正傳以殿其後。以文正亦三十二人之類也。後人所當心儀而弗失者也。

民國二十五年七月可園蔡冠洛記